U0502804

中 国 因 他 们 而 改 变

# 於崇文传

王新◎著

中国科学技术出版社

·北 京·

图书在版编目（CIP）数据

於崇文传 / 王新著 . -- 北京：中国科学技术出版社 , 2025.4. --（中国因他们而改变）. -- ISBN 978-7-5236-1368-9

Ⅰ. K826.14

中国国家版本馆 CIP 数据核字第 2025YJ3615 号

---

| | | |
|---|---|---|
| 总 策 划 | 秦德继　宁方刚 | |
| 策划编辑 | 周少敏　徐世新 | |
| 责任编辑 | 李双北 | |
| 装帧设计 | 中文天地 | |
| 责任校对 | 吕传新 | |
| 责任印制 | 徐　飞 | |

---

| | |
|---|---|
| 出　　版 | 中国科学技术出版社 |
| 发　　行 | 中国科学技术出版社有限公司 |
| 地　　址 | 北京市海淀区中关村南大街 16 号 |
| 邮　　编 | 100081 |
| 发行电话 | 010-62173865 |
| 传　　真 | 010-62173081 |
| 网　　址 | http://www.cspbooks.com.cn |

---

| | |
|---|---|
| 开　　本 | 787mm×1092mm　1/32 |
| 字　　数 | 92 千字 |
| 印　　张 | 5.75 |
| 版　　次 | 2025 年 4 月第 1 版 |
| 印　　次 | 2025 年 4 月第 1 次印刷 |
| 印　　刷 | 河北鑫兆源印刷有限公司 |
| 书　　号 | ISBN 978-7-5236-1368-9 / K・473 |
| 定　　价 | 58.00 元 |

---

（凡购买本社图书，如有缺页、倒页、脱页者，本社销售中心负责调换）

於崇文传

1944 年，於崇文在西南联大

1949 年，北京大学地质系师生在门头沟野外地质实习

（右一为於崇文）

1950 年，於崇文家庭大合影

（后排右三为於崇文）

1957 年，於崇文与蒋耀淞结婚照

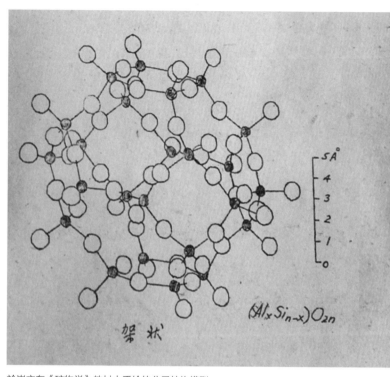

$(Al_x Si_{n-x})O_{2n}$

架状

於崇文在《矿物学》教材中手绘的分子结构模型

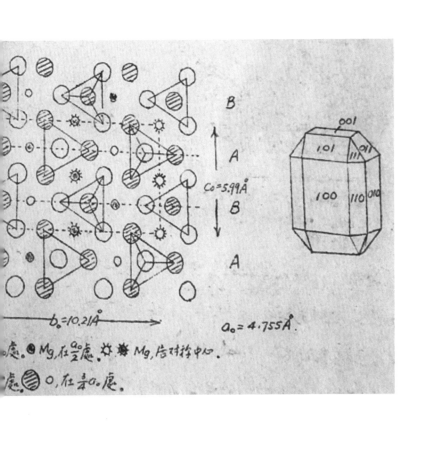

$C_0 = 5.99 \text{Å}$

B

A

B

A

001

$1.01$  $\overline{0}11$  $111$

$100$  $110$  $010$

$b_0 = 10.21 \text{Å}$

$a_0 = 4.755 \text{Å}$

处. ⊕Mg, 在 $\frac{a_0}{2}$ 处. ✿ ✺ Mg, 后对称中心.

处. ▨ O, 在 $\frac{3}{4}a_0$ 处.

1985 年，於崇文在山东海洋学院（现中国海洋大学）

於崇文等人考察江西德兴铜铅锌多金属矿床

1998 年，於崇文在江西弋阳县考察周潭 – 洪山剖面

1999年，於崇文在英格兰康沃尔考察世界著名多金属矿场

於崇文在武汉磨山《离骚》碑前

2013 年，於崇文在抗战时期大学内迁路线图前，讲述自己奔赴大后方的路线

於崇文 90 岁生日时在学生们为其写的祝愿语墙前

# 目录

除了好好读书，别无他求

1924 年 2 月 15 日，农历正月十一，上海市虹口区杨树浦路华忻坊的一户普通工人家庭，被一阵清脆响亮的婴儿啼哭声打破了往日的宁静——於崇文在这充满喜庆与希望的氛围中呱呱坠地。

在於崇文出生前，家中已有七岁的大哥於崇实、六岁的二哥於崇业和两岁的姐姐於含芳。於崇文的到来，让家中增添了更多的欢声笑语和幸福气息。

父亲於淮山是浙江省宁波市镇海县人，小学没毕业便来到上海。他在一家日营纱厂从事会计工作，每日在密密麻麻的账本与复杂烦琐的财务数据间辛勤忙碌，为了家庭的生计默默付出。母亲方素菊曾是纱厂女工，后来全身心操持家中事务。

於淮山虽然仅有小学文化程度，但在纱厂多年的辛苦打拼和艰难生活的磨砺，让他深刻领悟到在这个动荡不安的时代，唯有知识才能改变命运，掌握一技之长才能在社会上立足。基于这样的认知，他为两个儿子分别取名"崇实""崇业"，希望他们未来能在实业领域有所建树，进而改变家庭命运。

第三个儿子出生后，於父斟酌许久，最终为他取名"崇文"，乳名"坤良"，蕴含着在文化领域发光发热，成为有学问、有修养之人的深深期许。於崇文之后，家里又添了两个妹妹於含芸、於含苓和一个弟弟於坤瑞。

於淮山夫妇对子女的教育极为重视，将其视为家庭的头等大事。於崇文兄弟姐妹 7 人，相继都被送进学校。当时在上海的工人家庭里，像於家这样不愁吃穿、孩子们有学上是很少见的，於崇文因此非常敬佩父亲。

父母虽然对孩子们的学业要求严格，但也格外开明："只要不越轨，就不加干涉。"在於崇文的记忆里，父母对孩子都是以教育为主，很少打骂，甚至连偶尔的责怪都会小心翼翼。正是在这样宽松的家庭氛围中，於崇文得以尽情释放天性，培养了广泛的兴趣爱好。

那时的上海，弄堂是孩子们的乐园。一到放学时间，於崇文便和小伙伴们在弄堂里尽情玩耍。打球是於崇文最喜欢的活动之一，他和小伙伴们分成两队，在弄堂的空地上展开激烈角逐，汗水湿透衣衫也毫不在意。

玩铃角也是孩子们热衷的游戏。铃角用金属制成，形状像小喇叭，中间有一个小钢珠，转动时会发出清脆悦耳的声音。於崇文和小伙伴们手持铃角，用力转动，比谁的铃角转得更久、声音更响亮。清脆的铃声在弄堂里回荡，奏出一段欢快的童年乐章。

踩高跷同样充满乐趣。於崇文和小伙伴们踩着自制的高跷，小心翼翼地在弄堂里行走。刚开始，他掌握不好平衡，经常摔倒，但他不气馁，一次次地爬起来，继续尝试。渐渐地，他踩高跷的技巧越来越熟练，甚至能够自如地行走、转弯。

玩空竹也是於崇文的拿手好戏。空竹由两个圆形的木盘和一根细长的轴组成。於崇文将空竹放在线绳上，通过抖动和提拉，让空竹快速旋转，发出"嗡嗡"的声响。

除了和小伙伴们一起玩耍，於崇文也有自己的小天地。放学路上看见花贩担子上的红月季，他便用日常攒的零用钱买下，蹲在墙根，用碎瓦片垒出自己的小花圃。弄堂深处的小池塘是他的秘密基地。夏日的清晨，他经常带着自制的竹编鸭笼去放鸭，五只毛茸茸的雏鸭跟着他摇摇摆摆穿过弄堂。到了池边，小鸭子们扑棱着翅膀扎进水里，於崇文就蹲在青苔斑驳的石埠头，看它们用扁嘴梳理羽毛，惊起一圈圈涟漪。有次暴雨突至，他脱下衬衫罩住鸭笼就往家跑，浑身湿透却笑得畅快。

最让於崇文得意的是自制的"会呼吸的行李箱"。有一次要搬家，於崇文在盯着自己散乱的玩具发愁时，恰好看到院子里的一个旧澡盆，这只椭圆木盆一头高一头低，像一艘搁浅的小船。他突发奇想，如果做成一个行李箱，就可以把自己的玩具装起来了。于是，他翻出工具箱里的铜钉和麻绳，学着木工师傅的样子给澡盆加装封口。蝉鸣聒噪的夏日午后，他光着脚丫在院子里忙碌，木屑沾满汗湿的后背也来不及擦拭。最终完工的行李箱是用竹条编织成网封住木盆口部，既透气又牢固。

於父热衷收藏书法作品。他对书法有着独特的见解和深厚的感情，平日里节衣缩食，购买了许多书法字帖和名家作品，家中的墙上挂满了他的收藏。闲暇时，他会仔细欣赏这些作品，揣摩其中的笔法和意境。他还经常督促孩子们临摹习字，教导他们书法"不仅是一种艺术，更是一种修养和品德的体现"。於崇文记得，每次练字时，父亲总会站在身边为他研墨，耐心地指导笔法和姿势。

1932 年，上海爆发淞沪抗战，整座城市陷入了一片混乱。爆炸声、枪炮声不绝于耳，百姓四处逃亡、流离失所。为了躲避战火，於崇文一家不得不离开熟悉的家园，回到镇海老家。

老家的生活与上海截然不同，於崇文在这里体验到的乡村生活既有艰辛、亦有乐趣。

有一件事让於崇文印象深刻。有一天，父亲带他去地里收割芝麻。田野里，芝麻秆在微风中轻轻摇曳，沉甸甸的果实压弯了枝头。於崇文看着眼前的芝麻，心中充满了好奇和兴奋，迫不及待地想要帮忙。他学着父亲的样子，伸手抓住一把芝麻秆，然后扛起就走。

就在这时，父亲突然大声叫住了他。於崇文停下脚步，疑惑地回头看着父亲。只见父亲眉头微皱，走到他身边，蹲下身子，轻轻拿起一根芝麻秆，指着上面张开的芝麻荚说道："孩子，你看，芝麻成熟以后，荚嘴都是张开着的。咱们在搬运芝麻秆的时候，一定要尽量将荚嘴朝上，而且要轻拿轻放，要是动作太大，这些辛苦种出来的芝麻可就都被抖掉了。"

父亲摸了摸於崇文的头，接着说道："搬运芝麻秆这件事，你可以不做，但是只要决定做了，就一定要做好。这不仅是为了不浪费粮食，更是做人做事的道理。以后不管做什么，都要用心，不能敷衍了事。"

父亲的一席话，如同一束光照进了於崇文幼小的心灵，这些话一直深深地印在他的脑海里，时刻告诫他：只要是自己选择做的事，就一定要用心去做，无论遇到什么困难，都必须坚持做好。

於崇文后来曾说："从小我就生活在一个不愁吃穿、生活比较优裕的家庭里。同时，我在兄弟姐妹中是年龄比较小的一个，父母对我的照顾也多些，在这样一个家庭里，我是万事顺心、无忧无虑地生活着，除了好好读书，别无他求。"

上海作为当时中国经济与文化的重镇，与国际社会的交流日益频繁，英语的重要性也随之凸显。英文学校实行的班级授课制，相较于传统的中国近代私塾，显得更为新式且规范。在私塾里，学生的学习进度和内容往往因人而异，缺乏统一的标准和规划。而英文学校则按照年级和课程设置，进行系统化的教学，学生们在相同的时间里学习相同的知识，便于教师统一指导和管理。这种标准化的教育模式，使学生们能够接受更全面、更均衡的教育。

此外，英文学校大多兼授实用学科，如数学、物理、化学、地理等，这些学科与现实生活和职业发展紧密相关。学生们在这里不仅能学到基础知识，还能掌握从业技能。在那个就业竞争激烈的时代，拥有一技之长是立足社会的关键，英文学校的实用性课程为学生们日后步入社会、谋求职业提供了更多可能。

正因如此，英文学校在上海备受推崇。於崇文的父母也不例外，他们深知教育对孩子未来的重要性。6岁后，於崇文被父母送到附近的一所小学——上海聂中丞华童公学。华童公学由公共租界工部局创办，虽专收中国儿童，却有着浓厚的英式教育风格。在父母看来，这所具有浓厚英式教育风格的学校，能够给予孩子更广阔的发展空间和更光明的未来。

除了国语外，学校大部分教材都与英国伦敦的学校同步，使用的都是英国教育部批准的原版教科书。这些教材中的知识和理念，如同神奇的钥匙，为於崇文开启了认识世界的大门，激发了他对知识的无限渴望。

在那个新文化运动倡导科学与民主的时代，华童公学引入的西方先进教育资源，为於崇文提供了接触世界前沿知识的宝贵机会。学校尤其注重英文教学，学生的升级和留级几乎完全取决于英文成绩，这让於崇文深刻意识到英文的重要性。尽管课堂上英国老师纯正的英语起初让他听得云里雾里，但他凭借着顽强的毅力，每天早早起床背诵单词和课文。夜晚，在昏暗的灯光下，他认真临摹英文书法，有时手指因长时间握笔而酸痛，但他从未放弃，一遍又一遍地练习，直到写出的英文字母工整而漂亮。

华童公学并非只有先进的知识传授，其管理方式也极为严格。每周一次校长训话，气氛严肃得令人窒息。英国校长身着笔挺的西装，神情威严地站在讲台上，用流利的英语宣读校规校纪。学生们个个站得笔直。

课堂纪律更是近乎苛刻，迟到早退绝不被容忍。一次，於崇文因路上贪玩迟到了几分钟，当他气喘吁吁地跑到教室门口时，老师的目光如利箭般射向他，不仅严厉地批评了他，还罚站了一节课。这次经历让他深刻认识到纪律的重要性。从此，他每天都早早起床，再也没有迟到过，逐渐养成了严格自律的好习惯。

尽管华童公学的教育模式让於崇文感到压抑和束缚，但不可否认，於崇文在这里打下了坚实的英文和科学基础，不仅掌握了丰富的知识，还学会了如何自主学习、如何面对困难和挑战。

为了方便上学，1934 年 9 月，於崇文转入离家更近的澄衷中小学。这所由其宁波老乡叶澄衷创办的学校，在中国近现代教育史上赫赫有名，竺可桢、胡适、蔡元培等老一辈科学家和知识分子都曾在此求学或任教。

澄衷中小学深受新文化运动倡导的尊重学生个性发展思想的影响，高度重视教育艺术与学生个性的培养。学校制定了详尽的"功过格"，奖惩分明。成绩优异、品德良好的学生能获得记功奖励，奖励包括奖状、奖品以及在全校师生面前的表扬，这不仅是对学生努力的认可，更是一种激励；学习不认真、行为不端的学生则会受到惩罚，惩罚方式包括批评教育、留校察看、记过等。这一制度如同一把标尺，激励着於崇文在学业上不断进取，在品德修养上严格要求自己。

学校的课程设置全面而丰富，涵盖国文、算术、英文、物理、化学、历史、地理、音乐、美术、体育、劳作和公民等多个领域。师资力量更是堪称豪华，各科老师均为上海学界的佼佼者，不仅拥有深厚的专业知识，还具备独特的教学方法和丰富的教学经验。

於崇文的国文老师曾是清朝秀才，身着长衫，手持书卷，举止文雅。讲解古文时，不仅剖析字面意思，还深入挖掘文章背后的历史文化内涵。他会从作者的生平经历、创作背景，到文章所表达的思想情感、艺术特色，逐一进行详细讲解。讲完后，他会在教室里一边踱步一边高声朗读，声音抑扬顿挫，富有感染力，让人仿佛穿越时空与古人对话。受老师的影响，於崇文对国文产生了浓厚兴趣，课余时间常常沉浸在经典古籍中。

算术老师是陈岳生先生，他自编的算术教科书成为当时上海各小学的通用教材。陈老师教学水平高超，总能把复杂的数学问题讲得简单易懂，将抽象的数学概念转化为生活中的实际问题，让学生们易于理解和接受。於崇文被数学深深吸引，课堂上全神贯注听讲，课后主动找各种题目练习。遇到难题时，他从不放弃，尝试不同的解题思路，直到找到正确答案。

地理老师毕业于浙江大学。在讲世界地理时，他会从地球的板块构造、气候类型，到各个国家的地理位置、文化习俗，逐一详细介绍，让学生们了解不同地域的文化特色。於崇文听得如痴如醉，心中对世界的向往愈发强烈，梦想着有一天能够亲自踏上这些神秘的土地。

澄衷中小学注重培养学生的自觉性。学校规定学生每天早上上课前要自修一小时，由老师督导，校长和教务长随时检查。於崇文每天都按时到达教室，认真复习和预习功课。

学校的早操制度也十分严格，学生统一着装，按固定位置列队。体育老师带领大家做各种运动，从伸展运动到跑步，从广播体操到球类运动。於崇文认真完成每个动作，积极参加体育锻炼。

澄衷中小学将对学生德、智、体、美、劳全面发展的要求贯穿于日常教学之中。音乐、美术、劳作、体育等课程和主科一样重要，任何一门都不允许不及格。

体育老师王怀琪在体育界颇具声望，曾是中国体操学校和上海武术会的体育教练，"八段锦"体操就是由他创编的。他对学生的体育训练要求极高。在他的课堂上，於崇文接触到了单杠、双杠等运动器械。起初，面对这些器械时，於崇文心中满是忐忑与不安，生怕自己会掉下来。在王老师的指导和鼓励下，经过不断的努力，於崇文逐渐掌握了技巧，能够在单杠和双杠上做出简单的翻转动作。这些锻炼不仅增强了他的身体素质，更培养了他的勇气和毅力。

於崇文始终秉持着父亲教导的"认真做事"的原则，对待任何事情都一丝不苟。在学校组织的劳作课上，无论是制作简单的手工艺品，还是参与校园卫生打扫，他都毫不马虎。有一次，老师安排同学们制作木质小书架，於崇文拿到材料后，先仔细研究图纸，规划每一块木板的尺寸与拼接方式。在制作过程中，他小心翼翼地切割木板，反复打磨边角，确保每一个接口都严丝合缝。当其他同学为了赶进度而略显急躁时，他依然不紧不慢，专注于手中的工作。最终，他制作的书架不仅结构稳固，而且外观精美，得到了老师和同学们的一致称赞。

美术老师钱君匋是一位在上海书画界赫赫有名的职业书画家。他不仅书法造诣极高，刻章技艺也堪称一绝。在他的美术课上，於崇文仿佛走进了一个艺术的殿堂。钱老师的书法课生动有趣，从汉字的起源到书法的笔法、结构，他都一一示范讲解。於崇文深受启发，在练习书法时更加用心。书法课上，於崇文刻苦临摹柳公权、颜真卿等名家的碑帖，一练就是几个小时。他坐在书桌前全神贯注地书写，仿佛整个世界只剩下他与笔下的宣纸。在临摹颜真卿的《颜勤礼碑》时，他被那丰腴雄浑、气势恢宏的笔触所震撼。他一笔一画地模仿着，遇到难以把握的笔画，就反复练习几十遍，手指因长时间握笔而酸痛，甚至磨出了茧子，可他只是甩甩手，稍作休息，便又沉浸在书法的世界里。小学时期练习书法的经历给了於崇文很大帮助。后来从教后，很多原版书和教材都是他自己手抄下来的。他的大部分著作，也都是一本一本手写出来后再交给打印店。

学校还积极开展各类课余活动，培养学生的兴趣爱好。例如，经常举办观摩会，展示学生的学业成绩、课外作业和参考资料。学业成绩展示学生们在课堂上的学习成果，包括作业、考试成绩等；课外作业有壁报、读书笔记、摄影作品、统计图表等；参考资料包括字画、雕塑、工艺品、模型、画片、邮票、标本、书报杂志等。於崇文积极参与这些活动，他的习字作品和读书笔记被多次展出并获奖。

时光荏苒，於崇文在澄衷中小学度过了充实而难忘的学习时光。在这里，他不仅在学习上取得了长足的进步，更在品德修养、兴趣爱好以及个人能力等方面得到了全面提升，逐渐成长为一个有理想、有抱负、有担当的少年。这些宝贵的经历和品质，为他日后在学术领域的深耕以及人生道路的发展奠定了坚实的基础，让他在未来的岁月里，无论面对怎样的困难与挑战，都能凭借着坚定的信念和扎实的能力勇敢前行。

在那个民族危亡的时代，很多孩子因战争、贫困等原因失去了受教育的机会，於崇文深知自己能够在这样优质的教育环境中学习是多么难得。他将所有的精力都投入学习中，除了好好读书，别无他求。父母的关爱以及宽松自由的成长环境，让他拥有了一个无忧无虑的童年。这段美好的童年时光，如同太阳照亮了他的人生道路，也为他日后形成开放的学术视野和宽厚待人的人格魅力埋下了种子。

# 南洋中学里的俊逸少年

20 世纪 40 年代的上海，是一座被时代洪流裹挟的东方孤岛。租界的霓虹灯光与弄堂里的昏黄路灯交相辉映，黄包车夫的吆喝声、电车的铃铛声，和着爵士乐的旋律，在空气中回荡。战争的阴霾笼罩着城市，却未能阻挡人们对美好生活的向往与对知识的渴望。在这片充满矛盾与希望的土地上，南洋中学如同一座灯塔，照亮了无数年轻学子前行的道路。

南洋中学是当时上海著名的私立学校，也是国人自主创办的第一所新式中学。学校秉持着科学与人文并重的教育理念，为学生们构建了一个多元且丰富的知识体系。数理化等自然科学课程是学校的教学重点，教学安排别具一格，教材也是精心挑选。例如，高三年级使用的是大学的英文版教科书，让学生们提前接触高等学术的前沿，拓宽视野，激发对知识的探索欲望。

南洋中学的师资力量雄厚，教师大多是南洋大学（现上海交通大学）的老校友，他们对学校满怀深厚情感，爱校如家。这些老师犹如一本本行走的智慧宝典，每个人都拥有丰富的教学经验，在各自的学科领域里造诣深厚。学校的部分课程由大学老师兼职讲授，这使得南洋中学的教学水平远超一般中学，为学生们提供了更为优质、前沿的教育资源，让学生们能够站在巨人的肩膀上眺望知识的海洋。

1940 年 9 月，於崇文踏入了南洋中学的大门。他身形修长、身姿挺拔，乌黑发亮的头发整齐地向后梳拢，透着年轻人的朝气。鼻梁上架着一副因长久使用而微微磨损的黑色边框眼镜，镜片后闪烁着一双深邃明亮的眼睛，藏着对知识的渴望和对世界的好奇。一袭洗得发白的银灰色长衫，衣角随步伐轻轻摆动，袖口随意挽起，露出白皙且骨节分明的手腕，一举一动尽显洒脱从容，仿佛外界纷扰都无法打破他内心的宁静。

在南洋中学，於崇文遇到了几位对自己影响深远的老师。

数学老师李传书身材清瘦，戴一副黑框眼镜，眼神睿智温和。当时三角课程对于学生们来说颇具难度，许多同学一提到三角就望而却步。一次课堂上，李老师正在讲解一道复杂的三角题目，看学生们交头接耳、面露难色，他放下手中的粉笔，微笑着对大家说道："同学们，研究学问恰似攀登一座巍峨的高山，若尚未起步就心生畏惧，那你从一开始便会丧失前进的勇气和探索的兴趣。如此一来，就永远无法领略山顶那壮丽的美景和无限的风光。倘若转换心态，把登山视为一场充满挑战与乐趣的奇妙之旅，怀着轻松愉悦的心情一步步攀登，你会惊喜地发现，每一步都有独特的风景和别样的收获，即便遇到再陡峭、再艰难的路段，也能凭借坚定的信念和不懈的努力找到克服的办法。就像这道三角题，我们切勿被它复杂的表象所吓倒，静下心来，一步一个脚印地去分析、去思考，兴趣自然而然就会产生，难题也终将迎刃而解。"在李老师的循循善诱下，於崇文对数学的兴趣被缓缓点燃，开始主动钻研那些曾经让自己望而生畏的复杂数学问题，还常常在课后向李传书老师请教，不放过任何一处细微的疑惑。

英文老师过建民十分幽默，他的课堂总是充满欢声笑语，洋溢着轻松愉悦的氛围。他会运用生动形象的语言和丰富夸张的表情，将英文文章中的人物和场景栩栩如生地呈现在学生面前。有一回，在讲解莎士比亚的名剧《裘利斯·凯撒》里安东尼痛斥布鲁托斯的演讲词时，过建民老师突然站起身来，表情严肃而庄重，开始模仿安东尼的口吻进行朗诵。他的声音时而激昂高亢，时而悲愤低沉，仿佛他就是那个在古罗马广场上为正义而战、慷慨陈词的安东尼。同学们都被他的精彩表演深深吸引，於崇文更是完全陶醉在英语的独特魅力中，对英语的热爱也愈发浓烈。过建民每天分享一条寓意深刻的格言，引导学生树立正确的人生观和价值观。於崇文将这些格言一一记录，时常拿出来细细品味。

生物老师周玉田有着一口浓浓的宜兴口音，他的每一堂课都像是一场充满新奇与惊喜的奇妙探索之旅。在讲解动植物的生理结构时，周老师总会带来许多标本和模型，让学生们能够直观地感受生命的奥秘与神奇。他还会兴致勃勃地讲述自己在野外考察时的有趣经历，这极大地激发了於崇文对大自然的热爱和探索欲望。他常常在课后向周老师询问关于生物的各种问题，周老师总是耐心解答，还鼓励他多观察生活中的生物现象，以培养观察力和探索精神。

国文老师葛啸庵的"圈点教授法"让於崇文受益匪浅。课堂上，葛啸庵会拿着一本厚厚的古籍，一边圈点一边逐字逐句地讲解。他告诉学生们，通过"圈点"可以精准地找到文章的关键语句和核心要点，从而深入理解全篇的中心思想和作者的情感脉络。在葛老师的指导下，於崇文学会了如何深入阅读古代经典，从字里行间品味古人的智慧和才情。他开始痴迷于古代文学，课余时间常常沉浸在唐宋八大家的作品中，在古代文学的浩瀚海洋中尽情遨游。

物理老师沈德滋学识渊博、治学严谨，他的课堂总是充满浓厚的科学氛围。在讲解牛顿力学定律时，为了能让学生更好地理解这一抽象的物理知识，沈老师用简单的实验器材在课堂上进行生动有趣的演示，深入浅出地将抽象的物理知识转化为直观易懂的现象。於崇文被这些神奇的物理现象深深吸引，他意识到物理不仅是书本上枯燥的公式和定理，更是对生活中各种奇妙现象的科学解释和理性探索。沈老师经常告诫学生们："学习物理，就像建造一座宏伟的大厦，首先要把基础打得无比牢固，将最简单、最基本的观念彻底弄清楚，然后一层一层地往上建造，才能构建起坚固无比的知识大厦。任何一个小的疏忽和漏洞，都可能影响整个知识体系的稳固。"於崇文将这句话铭记在心，在学习物理的过程中，他总是从最基本的概念入手，力求掌握每一个知识点，为自己的物理学习之路奠定坚实的基础。

化学老师周祖训堪称一部"化学宝典"，他对化学理论的熟悉程度令人惊叹。为了让学生们轻松记住各种有机物的结构和性质，他把有机物的分子结构比作不同形状的积木，每块积木都有其独特的功能和作用，它们相互组合，构成了丰富多彩的有机世界。於崇文被周老师独特的讲解方式深深吸引，对化学产生了浓厚的兴趣，经常在课后做一些简单的化学实验，探索化学的奥秘，感受化学的无穷魅力。

代数老师王季梅在上海教育界声名远扬。课堂上，王季梅总是充满激情，只见他不停地挥舞着粉笔，嘴里念着"Remainder Theorem"（余数定理）、"Binomial Theorem"（二项式定理）……在王老师的影响下，於崇文对代数的热爱与日俱增，开始主动挑战一些更有难度的题目。

1942年夏天，於崇文升入高三。高三分理、商二科，由于对数理的热爱由来已久，於崇文选择了理科。

高三时的英文老师是朱树蒸。他虽然年事已高，但精神矍铄。朱老师的讲解非常详细，每一个语法和词汇的用法，他都会反复强调、耐心讲解，直到学生们完全掌握、理解透彻。他还会分享自己在国外留学时的经历和见闻，让学生们了解不同国家的文化和风俗。於崇文在朱老师的鼓励下，开始尝试阅读一些英文原著，英文水平得到显著提升。

高三下学期的物理老师是赵菊人。赵菊人注重解题方法的讲解和思维能力的培养，针对每一道物理题，他都会用多种方法进行解答，引导学生从不同角度思考问题。这种教学方式让於崇文在解决问题的过程中不断完善思路，培养了独立思考和解决问题的能力。

在南洋中学，於崇文受益最大的是英文学习。他每天都会花大量的时间学习英语，不仅认真完成作业，还主动阅读英文原著和报刊，拓展自己的英语阅读量和知识面。他在英文写作方面的才华尤为突出。他写的英文文章不仅词汇丰富、语法准确，而且观点独特、立意深刻，令人赞叹不已。

除了学习成绩优秀，於崇文在生活中的一些行事风格也让同学们觉得他与众不同。父母因工作等缘故偶尔不在身边，年纪尚轻的他便带着年幼的妹妹生活，稚嫩的肩膀独自承担起管理家政的重任。尽管家中经济条件并不十分宽裕，生活时常需要精打细算，但他凭借着超乎常人的耐心，将家里打理得井井有条。他对烹饪颇有天赋与热情，每至周末，结束了一周忙碌的学习，他便一头扎进小小的厨房。只见他熟练地穿梭在灶台与菜板之间，洗菜、切菜、下锅、翻炒，动作一气呵成，如行云流水般顺畅。不一会儿，一道道美味的菜肴便被端上桌。在他看来，烹饪不仅是为了满足口腹之欲，更是对家人沉甸甸的责任，是用美食传递爱意的独特方式。

他对看书近乎痴迷，毫不吝啬地购买许多书籍。有一回，他在旧书店发现了一套精装版的英文文学名著。尽管这套书售价不菲，可他没有丝毫犹豫，毅然决然地将其买下。回到家中，他小心翼翼地把书放在书桌上，轻轻抚摸着封面，仿佛在与一位久违的老友重逢。随后，他迫不及待地坐下来，沉浸在书籍的世界里，随着书中的情节跌宕起伏，时而为人物的命运叹息，时而因精彩的描写而会心一笑。

於崇文还展现出超乎常人的认真劲儿，这种认真细致的做事风格，在亲戚朋友中被传为美谈。大家都知道，德国人以做事认真细致、追求极致而闻名于世，做出的产品质量上乘，备受赞誉。而於崇文的种种表现，与德国人的做事风格如出一辙。久而久之，亲戚朋友便都亲切地称呼他为"德国人"，这个绰号不仅是一种调侃，更是对他认真态度的高度认可与赞扬。

高中时期的於崇文，不仅在学业上表现出色，在生活中也是个极具个性与魅力的少年。他身形修长挺拔，总是穿着一袭银灰色的长衫，鼻梁上架着一副黑框眼镜。然而，这副为他增添了不少"学者形象"的眼镜，实则是他高中时期的遗憾之一。在高中毕业纪念册上"八最"一栏中，他郑重地写下最遗憾的事情就是"近视眼"。

除了对视力的遗憾，纪念册还记录了於崇文内心深处的感受。最可爱的是"诚实"，在他心中，诚实是为人之本，是人与人之间信任的基石。他坚信，只有真诚待人，才能收获真挚的友谊和他人的尊重。最可恨的是"谄媚"，他厌恶那些为了讨好他人而卑躬屈膝、阿谀奉承的行为。他认为，人应该保持自己的尊严和独立思考的能力，不应该为了迎合他人而失去自我。在面对老师和同学时，他总是真诚相待，不刻意讨好，也不刻意疏远。最可气的是"夸大"，他认为实事求是才是正道，过度夸大事实是对真相的亵渎。在讨论问题时，他总是基于事实发表观点，不夸大其词，也不隐瞒真相。最可怕的是"阴谋"，那些隐藏在暗处、算计他人的阴谋，让他深感人性的复杂与阴暗。他渴望生活在一个真诚、简单的世界里，大家都能坦诚相待。最得意的是"恍然大悟"，每当经过苦思冥想后解开难题、领悟道理，那种豁然开朗的喜悦让他沉醉。在学习数理化的过程中，难免会遇到一些难题，但他从不放弃，那种通过不断的思考和尝试最终找到答案时的成就感让他充满了动力。最伟大的是"舍己为群"，他崇敬那些为了集体利益、他人幸福而无私奉献自己的人。在班级活动中，他总是积极参与，为了班级荣誉贡献自己的力量。最希望的是"有所贡献于别人"，从这质朴的文字中，可以清晰地看出高中时期的於崇文是一位诚实正义、疾恶如仇、乐于助人的青年，他的内心满怀着对真善美的追求和对世界的热忱。

南洋中学三年的高中教育，是於崇文人生中宝贵的财富。这里的一草一木、一砖一瓦，都承载着他的青春和梦想。多年以后，回忆起这段高中岁月，那些曾经的人和事依然历历在目。2019 年，南洋中学的校领导前去拜访已经 96 岁高龄的於崇文。谈起当年的点点滴滴，於崇文的眼神中闪烁着光芒，仿佛又回到了那个充满激情和梦想的青春时代。他缓缓拿起笔，在笔记本上郑重地题写下"敬祝母校南洋中学发扬优秀传统，培养更多建国良才，对国家作出更大的贡献！"他的手虽已微微颤抖，但每一笔都写得刚劲有力，饱含着对母校深深的眷恋和祝福。这份题词，不仅是他对母校的美好期许，更是对那段难忘岁月的深情回望。南洋中学是他梦想起航的地方，在南洋中学的日子，永远铭刻在他的记忆深处。

# 辗转八省投考大学

1937 年，中国历史的车轮深陷战争泥沼，盛夏的上海本应充满生机与活力，然而，抗日战争的全面爆发彻底打破了这份宁静与祥和。战火如汹涌的潮水迅速漫延，恐惧不安的阴霾笼罩着这座东方大都市，上海的天空仿佛被一层灰暗的幕布遮蔽，再也不见往日的晴朗。

8 月 13 日，淞沪会战的战鼓轰然敲响，激烈的枪炮声震耳欲聋，仿佛要将整个城市撕裂。街头巷尾硝烟弥漫，曾经繁华的街道瞬间变得满目疮痍，人们四处奔逃，脸上写满了惶恐与无助。

年仅 13 岁的於崇文正满心欢喜地享受着小学阶段的最后一个暑假，却被突如其来的枪炮声打断。此时的他，还难以理解这场战争的残酷与深远意义，只是隐隐约约感受到空气中弥漫着的紧张与不安，那是一种难以名状的压抑，仿佛一块巨石沉甸甸地压在心头，让人喘不过气来。

三个月后，上海沦陷。从 1937 年 11 月开始，上海租界沦为"孤岛"，被沦陷区重重包围。

於崇文一家居住在租界，父亲因在日本人经营的纱厂工作，一家人的生活来源未受太大影响。每日，於崇文都能看到日军耀武扬威地走在街头，他们身着军装，手持武器，眼神中透露出凶狠与傲慢。他们对中国百姓肆意打骂、羞辱，稍有不顺眼，便拳脚相加，甚至拔枪相向。那些画面，像一把把利刃，深深地刺痛於崇文的心，他感到愤怒和屈辱，却又无能为力。

生活在沦陷区的民众，如同身处寒冬腊月，四周一片死寂，毫无生机。每个人都小心翼翼，不敢发出一点反抗的声音，仿佛被一层无形的恐惧所束缚。街道上冷冷清清，店铺大多关门歇业，偶尔有几个行人匆匆走过，也是神色慌张，眼神中充满了警惕。

於崇文就在这样压抑得令人窒息的环境中度过了初中和高中。白渡桥是他上下学的必经之路，桥上的日本士兵荷枪实弹，每一个路过的行人都要被他们粗暴地检查、搜查。他们用生硬的中文大声呵斥着，将行人的包裹、口袋翻得乱七八糟，稍有不从，便是一顿毒打。於崇文每次走到这里，都暗暗发誓：一定要离开这个被侵略者践踏的地方，去大后方寻找自由和希望。

随着年龄的增长，於崇文离开上海的想法愈发坚定。日军偷袭美国珍珠港后，上海彻底陷入日军的魔掌，日军肆意搜刮百姓财物，强征粮食和物资，导致物价飞涨，普通百姓的生活愈发艰难。此时的於崇文认为，汪精卫投降日本侵略者的行为令人不齿，是彻头彻尾的汉奸行径；而蒋介石政府虽有诸多问题，但毕竟打着"抗日"的旗号，让他觉得重庆或许是一片充满希望的"自由后方"。这种模糊的认识，坚定了他高中毕业后前往重庆投考大学的决心。

1942 年 5 月，读高二的於崇文再也按捺不住心中的渴望，他找到几位志同道合的同学，秘密商议奔赴浙江金华。他们在昏暗的阁楼里，围坐在一起，小心翼翼地展开一张破旧的地图。他们手指在上面比画着路线，低声讨论着如何躲过日军搜查，在浙江金华开始新的生活。然而，命运却给他们开了一个残酷的玩笑。就在他们紧锣密鼓筹备的时候，传来浙江金华沦陷的噩耗。仿佛被一盆冷水从头浇到脚，满心的希望瞬间破灭。

1943 年 6 月，於崇文从南洋中学毕业。他每天穿梭在大街小巷，四处打听离开上海的机会，不放过任何一个可能的线索。终于，他得知有个同乡要去抗战后方的重庆送人。於崇文兴奋不已，急忙跑回家，向父母说出自己的想法。父亲听后，眉头紧锁，眼神中满是担忧。在这个兵荒马乱的年代，让儿子独自远行，无异于将他置于危险的漩涡之中，因而一直没有明确同意此次远行，这让於崇文很是着急。

　　眼看同乡就要启程，於崇文心急如焚，不停地说服父亲，言辞恳切。临走那天，带路的人来到家中，等着上船。於崇文的父亲和大哥最终被他的坚持所打动，同意放手。就这样，於崇文一行七八人，趁着夜色，偷偷登上一艘破旧的小船。船在黑暗中缓缓前行，他们不敢发出一点声音，生怕被日军发现。

　　船先是经过一个海峡，海风呼啸，波涛汹涌，船只在风浪中剧烈摇晃，仿佛随时都会被大海吞没。为了躲避搜查，船被封闭得密不透风，空气无法流通，於崇文很快就晕船了，胃里翻江倒海，难受至极。好不容易上岸，他又患上了痢疾，每到一处歇脚，别人都迫不及待地往饭店跑，他却不得不先找厕所，这种痛苦的折磨持续了一段时间。但於崇文并未被这些困难打倒："好在那时年轻，这些都不觉得什么，顶一顶就过去了。"

　　一行人中，给於崇文印象最深的是带路的胡积善。於崇文后来才知晓，胡积善那时已是中共地下党员。胡积善学音乐，擅长拉二胡，路上休息时，常为大家拉上一曲，悠扬的乐声在空气中飘荡，如潺潺流水，滋润着大家疲惫的心灵。胡积善还教大家唱《黄河颂》："风在吼，马在叫，黄河在咆哮……"激昂的歌声，让大家暂时忘却了旅途的疲惫和危险，一路上说说笑笑，倒也不觉得寂寞。

沿着浙江的海岸线走了十几天，他们终于到达了浙江龙泉。然而，迎接他们的却是一场突如其来的鼠疫。整个城市被笼罩在一片恐慌之中，街道上空无一人，店铺紧闭。於崇文一行人被迫在浙江大学龙泉分校停留了一个月。这里的生活条件极其艰苦，饭菜难以下咽。他们每天只能勉强填饱肚子，身体越来越虚弱，很多学生因为缺乏营养，头发都白了。

由于鼠疫，於崇文的行程延误了一个月。之后，他们又历经福建、江西、广东，一路风餐露宿，终于在离开上海三个月后到达湖南。此时已是9月，去重庆投考大学的计划彻底泡汤。於崇文感到无比失落，他决定先去投靠在湖南零陵耐火砖厂工作的二哥於崇业，在那里边打工边学习，等待明年的入学考试。

於崇文告别伙伴，独自踏上前往零陵的路途。一路上，山路崎岖难行、荆棘丛生，他有时要步行几十里，脚上磨出一个个水疱，每走一步都钻心地疼。有时要搭乘装满货物的卡车，他被挤在货物中间，几乎喘不过气来。

等到达湖南零陵耐火砖厂时，正逢砖厂增资扩产，急需技术人员。於崇文凭借高中学历，顺利地留了下来，成为一名化验员，协助厂里的化学师做耐火黏土成分的化验分析。於崇文在高中阶段学到的化学知识派上了用场，他乐此不疲地做上了自己的第一份工作。

在零陵，於崇文最大的收获是遇到靳凤桐，一位后来奠定他一生学术方向的人。

靳凤桐（1910—1990），河北省保定市高阳县人。毕业于北京大学地质系，师从丁文江、李四光等地质学界泰斗。他来到零陵，是为了勘查耐火黏土资源。靳凤桐有着深厚的地质知识，这让於崇文十分敬佩，加上两人年龄相差不大，比较谈得来。

於崇文主动找到靳凤桐，表达了自己对地质工作的兴趣。靳凤桐看着眼前这个充满朝气的年轻人，欣然答应带他一起去野外工作。於崇文兴奋不已，每天都跟着靳凤桐穿梭山林，爬矿洞、做检测。矿洞里阴暗潮湿，弥漫着一股刺鼻的气味，地上布满了泥泞和积水。於崇文小心翼翼地跟着靳凤桐，手中拿着工具，认真地记录每一个数据。工作虽然十分辛苦，每次回来都是满身泥土，指甲缝里也塞满了黑泥，但於崇文的内心无比充实。他第一次接触到如此丰富多样的地质环境，那些形态各异的矿石就像一把把钥匙，为他打开了一扇通往新世界的大门。他对地质学的热爱，也在这个时候悄然地生根发芽。

在耐火砖厂工作的那段时光，於崇文因性格内敛、鲜少言笑，每日总是静静地捧着书本，沉浸于知识的浩瀚海洋。工厂环境嘈杂，机器的轰鸣声不绝于耳，可他却仿若拥有一方专属的静谧天地，外界的喧嚣全然无法干扰到他。多年后，厂里的会计胡晚庸仍感慨地回忆道："於崇业的弟弟於崇文，是个文质彬彬的白面书生。他每天都在认真学习，有时念高中课本，有时看他哥哥的大学课本。他不像他哥哥那样爱说笑，总是一本正经的，做事非常认真。"

於崇文的好学与钻研，获得了砖厂领导的赏识，想留他在厂里工作，还许下优厚待遇。然而，於崇文心中始终怀揣着报考大学的梦想，他深知，唯有进入大学，才能真正实现自己的理想，为国家建设贡献力量。于是，他婉言谢绝了厂里的好意。

1944年6月，日军打到湖南衡阳，逼近零陵。加之大学入学考试的日期也越来越近，於崇文决定再次踏上前往重庆的投考之路。他告别了二哥和厂里的同事，从零陵坐汽车前往广西桂林。抵达广西桂林后，又转乘火车奔赴重庆。车厢内挤满了逃难的人，行李堆放得到处都是，人们摩肩接踵，几乎密不透风。火车顶上、车头上都密密麻麻地坐满了人，大家为了求生，不顾一切地往火车上挤。於崇文也费了九牛二虎之力，才从火车窗户爬了进去，抢到一个靠窗的座位。火车在途中走走停停，时而因躲避日军的轰炸，不得不在野外长时间停留。其间，火车行经一个山洞时，由于人满为患，有人不慎从火车顶上坠落，发出凄惨的叫声。於崇文听到那声惨叫，心中猛地一阵刺痛。他凝视着窗外的黑暗，心中默默祈愿，盼望这场荼毒生灵的战争能够早日终结，让人们得以重归安宁祥和的生活。

火车行驶到贵州时，突然脱轨了。乘客们惊慌失措，车厢里一片混乱，人们四处奔逃，哭声、喊声交织在一起。於崇文也被吓得不轻，但他很快冷静下来，帮助其他乘客一起搬运行李，寻找安全的地方。他不顾自己的安危，穿梭在混乱的人群中，将受伤的乘客扶到一旁，安慰着他们。经过一番努力，他们终于在附近的一个小镇上找到了暂时的落脚点。在那里，於崇文和其他乘客一起等待救援，度过了一个漫长而又艰难的夜晚。

夜晚的小镇格外寂静，於崇文躺在简陋的床上，思绪万千，不知道明天等待自己的会是什么。

经过两天三夜的颠簸，於崇文终于到达重庆。考场设在沙坪坝，众多考生的到来使这里人满为患。於崇文到达时，离考试只剩下几天时间。他四处寻找住处，却发现所有的旅馆都已客满。无奈之下，只能和其他考生一起，在马路上、廊檐下度过了几个炎热又难熬的夜晚。夜晚的重庆闷热难耐，蚊虫肆虐，於崇文躺在硬邦邦的地上，身上被蚊虫叮咬得满是大包，无法入睡。

由于砖厂停工，二哥於崇业也特意赶来重庆，为於崇文的考试忙前忙后，这让他倍感温暖，心中也多了一份依靠。在二哥的指导和建议下，於崇文报考了国立西南联合大学、国立中央大学和国立重庆大学。由于小时候受到身边纱厂和船厂的影响，他原本想选择纺织或者造船专业，但这三所大学都没有开设相关专业，于是他选择了机械工程专业。

考试的日子终于来临，於崇文满怀信心地走进考场。他在试卷上奋笔疾书，将平日刻苦积累的知识尽情展现。前两所学校的考试都还算顺利，到考重庆大学时，於崇文遇到了意想不到的困难。

那天，炽热的太阳高悬天空，酷热难耐，汗水不停地从於崇文的额头、脸颊滚落，大颗大颗地滴在试卷上，洇湿了试卷上的字迹。炎热的天气让他感到头晕目眩，思维也变得有些迟缓，难以集中精力答题。考到一半时，他只觉眼前发黑，胃里也一阵翻涌，最终无奈地放弃了这场考试。

西南联大率先公布了录取名单。当於崇文在榜单上看到自己的名字时，激动得热泪盈眶。那一刻，他觉得所有的艰辛和付出都是值得的。不久后，他得知自己也被国立中央大学录取了。经过深思熟虑，他选择了西南联大。

回顾自己辗转八省投考大学的经历，於崇文感慨万千。那些在战火中奔波的日子，那些在困境中坚持的岁月，都成为他人生中最宝贵的财富。这段艰难的历程，练就了於崇文健硕的身体和坚忍不拔的内心，让他在以后的工作和生活中面对任何困难，都能够泰然处之。

於崇文的这段经历，也是那个动荡年代里无数青年追求自由和理想的缩影。他在战火中辗转八省，历经磨难，始终没有放弃信念。他的坚韧、执着和对知识的渴望，不仅让他实现了自己的梦想，也为后人树立了榜样。在历史的长河中，这段故事将永远闪耀着光芒，激励着一代又一代的年轻人，在困境中无论遇到多大的困难，都要坚定信念、勇往直前。

# 西南联大的艰苦岁月

全面抗战爆发后，国立北京大学、国立清华大学和私立南开大学被迫踏上南迁之路。师生们背井离乡，一路辗转，最终在 1938 年于昆明组建了国立西南联合大学。彼时的昆明，虽地处西南边陲，却因这所汇聚了北大、清华、南开三校精英的学府，成为文化与思想的高地。

1944 年 8 月，年轻的於崇文满怀着对知识的渴望，踏入西南联大的校园。刚进校园，映入眼帘的是几排简陋的校舍，土坯墙、茅草顶，在阳光下显得有些破旧。校园里人来人往，学生们穿着朴素，却都带着一股蓬勃的朝气。於崇文的心中满是好奇与疑惑："只知道西南联大好，但也不知道好在哪里。"入学第一天，学校举行了一场特殊的报告会，主讲人是著名学者张奚若教授，主题是"国事前途"。

於崇文早早来到礼堂，里面已经坐满了人。张奚若身着长衫，步伐稳健地走上讲台，他的言辞激昂，每一句话都像一把重锤，狠狠地敲击在学生们的心上："如今国难当头，政府却腐败无能，我们的国家正处于生死存亡的关头，而你们，是国家的未来，肩负着救亡图存的重任！"於崇文听得热血沸腾，第一次真切地感受到"民主和自由"的力量，爱国的火焰在他心中熊熊燃烧，心中涌起一股从未有过的使命感。他暗暗发誓，一定要努力学习，为国家贡献自己的力量。

在西南联大，自由的学风如春风化雨，滋润着每一个学子的心灵。课堂上，教授在讲台上激情澎湃，学生们全神贯注。课后，图书馆里总是座无虚席。在西南联大，知识的大门向每一个渴望求知的学生敞开。於崇文也积极参与各种学术讨论，在思想的碰撞中不断拓宽自己的知识面和视野。

西南联大的条件十分艰苦。於崇文住的宿舍，墙壁是用土夯成的，粗糙简陋；屋顶铺着茅草，每逢下雨天便会漏雨，雨水打湿床铺和书本。宿舍里拥挤不堪，40人挤在一间狭小的房间里，8人一组，分成五组，组与组之间只用破床单勉强隔开，人在里面走动都十分困难。晚上，於崇文躺在狭窄的床上，听着室友们的呼吸声和梦话，常常难以入眠。他望着破旧的屋顶，心中不禁泛起一阵酸涩，想到家中虽然不算富裕，但自己也从未受过这样的苦。

抗战后期，飞涨的物价让师生们的生活愈发艰难。教师们的薪金难以维持生计，只能各自想尽办法。闻一多教授便是其中的典型代表。每天上午，他穿着那件洗得发白的长衫，精神抖擞地在联大授课。下午，他却要匆匆赶到中学兼课，只为多挣一点钱补贴家用。晚上，批改完学生的作业后，他又坐在昏暗的油灯下刻图章卖钱。吴晗教授的妻子久病，生活陷入困境。无奈之下，他写报告给校长梅贻琦，言辞恳切地向学校借款，甚至打算变卖自己珍藏多年的 16 大箱书籍来还债。法律系费青教授长期患病，经济极为困难，不惜售卖自己多年收藏的外文书籍。

学生们的生活同样艰苦。物价飞涨之下，食堂的伙食质量极差，且每天只供应两顿饭，上午 10 点和下午 4 点各一顿。早晨 8 点到 10 点上两堂课，对于很多学生来说，这是一段极为难熬的时光。经济情况较好的同学还能在早上 7 点多去街上买早点吃，而经济拮据的同学只能饿着肚子上课。於崇文就是后者，只身在外求学，家庭远在上海，无法给予太多的援助，常常为衣食发愁。他常年穿着一身从地摊上低价购买的美式旧军服，衣服破旧不堪，袖口和领口都磨破了。有时，他连买早点的钱都没有，只能躺在床上，听着肚子的"抗议声"，无奈地等待着吃饭的时间。

除了生活的困苦，战争带来的恐慌时刻笼罩着师生们。日本军机多次轰炸昆明，防空警报时常打破校园的宁静。有一次正在上课，突然响起尖锐的防空警报，整个教室瞬间慌乱起来。老师迅速喊道："同学们，不要慌，快躲到桌子下面！"於崇文和同学们急忙钻到桌子底下，双手抱头，心中充满了恐惧。飞机的轰鸣声越来越近，炸弹的爆炸声震耳欲聋，窗户被震得摇晃不已，尘土飞扬。防空警报解除后，学生们从桌子底下钻出来，拍了拍身上的尘土，又继续上课。这些经历让於崇文更加深刻地体会到战争的残酷和和平的珍贵。

还有一次，国民党中央军和地方军在学校附近交火，枪声在校园后方的小山上响起。於崇文和同学们躲在宿舍的桌子底下，不敢发出一点声音。子弹呼啸而过，打在墙壁上，溅起一阵尘土。他们无比恐惧，不知道这场战斗何时才能结束。城里的食物无法运进来，十几天里，他们只能吃着大头菜（云南有名的咸菜）下饭。没有蔬菜，没有肉，只有这咸咸的大头菜，大家吃得嘴里发苦。

1944 年底，国民党政府号召青年入伍，西南联大成立"知识青年志愿从军委员会"，动员学生从军。一时间，校园里充满了关于从军的讨论。於崇文也被这股从军的热潮所感染，报名参加"青年军"。他想，自己作为一名青年，理应为国家的抗战事业贡献一份力量，也许在军队中，他能更直接地为保卫国家而战。然而，他却因一场大病未能如愿。

由于学校住宿条件不好，食物营养跟不上，加上学习紧张，入学不到一个学期，於崇文便染上了伤寒，高烧不退，耽搁了不少课程，只好暂时休学。

经过一段时间的休养，病情有所好转后，他决定先找一份临时工作，以维持自己的生活和学业。通过一位旧友介绍，於崇文来到清华服务社下属的锯木厂，开始了他的打工生活。锯木厂位于昆明郊外三公里处，周围是一片荒凉的田野。厂里的工作环境十分艰苦，机器的轰鸣声不绝于耳，木屑四处飞扬。由于是大学生，且英文基础比较好，於崇文被安排担任工程员，负责重要的发料工作。他每天的工作内容就是接待来领料的美国军人，根据他们提供的木料规格和数量清单，让装料工人查找木料并装货上车。装完清点后，他开发料单，让美军人员签字确认，然后把木料运走。

每天，於崇文早早地来到锯木厂，换上工作服，开始一天的忙碌。美军人员来领料时，他总是用流利的英语与他们交流，态度热情而专业。有时，美军人员会提出一些特殊的要求，他总是尽力满足，凭借着自己的智慧和耐心，赢得了美军人员的信任和尊重。

在锯木厂工作期间，於崇文遇到了几位熟人，他们在艰苦的生活中相互扶持。其中一位熟人就是在零陵耐火砖厂结识的胡晚庸，他还时常给於崇文零用钱，约他吃饭、看电影，让於崇文在艰难的日子里感受到了一丝温暖。

1945年8月，日本宣布无条件投降，美军纷纷撤离，清华服务社下属的工厂也逐渐停止经营和生产。新学期即将开学，於崇文心中充满了对未来的期待，准备复学，继续追逐自己的梦想。回到熟悉的校园，他的心中感慨万千，他知道，自己的求学之路又将重新开始，要更加珍惜这来之不易的学习机会。

然而，战争虽然结束了，但国内的政治局势依然紧张。1945年11月26日，昆明大、中学校的学生六千余人在西南联大举行反内战时事晚会。钱端升、费孝通等教授也在会上作反内战讲演。国民党派军队包围会场，放枪恫吓，并在学校附近戒严，禁止师生通行。这一暴行激起了师生们更大的愤慨，26日起，昆明30多所学校的学生相继罢课表示抗议，要求立即制止内战，呼吁和平与民主。学生们的行动得到了社会支持，却遭到国民党政府的镇压。

12月1日上午，於崇文正在西南联大的新校舍饭厅吃饭，突然听到学校大门口传来吵闹声。他放下饭碗跑出去，只见学校门口聚集了很多人，军警们试图冲进大门，学生们则奋力抵抗。於崇文看到学生从宿舍跑出来，有的扛着球棍，有的拿着板凳，他们冲向大门，与军警展开对峙。西南联大的校门很简陋，是用木门做的，上面还有烂洞，根本关不住。学生们迅速把附近能找出来的桌椅、黑板搬过来，顶住大门。墙内外双方相持不下，气氛紧张到了极点。有同学用梯子爬上墙头，高喊"中国人不打中国人"，但军警们却毫不理会，开始朝门内扔石块、砖头。有几个同学被投来的石头打中，倒了下来，鲜血染红了他们的衣服。学生们愤怒不已，也向外抛掷石块进行反击。於崇文也加入其中。

军警们见无法冲进学校，便跑到师范学院学生宿舍楼那边，扔了几颗手榴弹。爆炸声响起，几位同学受伤，倒在地上痛苦地呻吟。大家急忙把受伤的同学抬到教室。当日冲突共造成4人死亡，分别是西南联大师范学院学生潘琰、李鲁连，昆华工校学生张华昌，南菁中学青年教师于再。受重伤者29人，轻伤者30多人，教授马大猷、袁复礼等也遭到殴打。惨案发生后，昆明学生在中国共产党的领导下，举行了长达24天的罢课和持续近4个月的斗争，还举行了有15万人参加的公祭活动。目睹"一二·一"惨案后，於崇文对国民党政府彻底失望，他主动加入学生游行队伍，担当宣传队纠察，维持游行队伍秩序。他走在游行队伍中，高举着标语，大声呼喊着口号，心中充满了对和平与民主的向往。

返校复学后，因耽误了一个学期，他已跟不上课程，于是决定换专业。此前在零陵陪同靳风桐考察耐火黏土矿的经历，让他对地质学产生了浓厚兴趣，于是转向地质地理气象系地质学专业，重读大学一年级。这一选择，也确定了他日后的学术方向。

西南联大地质地理气象学系由抗战前北京大学地质系和清华大学地学系合组而成，师资力量雄厚。例如，德国老师彼得·米士，仅骑马转一圈，便能精准绘制出详细的地形地貌图，其专业程度令人赞叹。袁复礼教授坐在小山坡上，借助一块小黑板，就能迅速准确地勾勒出地形，将复杂的地理特征生动呈现出来。王烈老师曾留学德国，处处彰显严谨的德国学风，他每堂课的时间把控得极为精准，分秒不差，教学内容环环相扣，令人钦佩。於崇文在与这些老师们的频繁接触中，不仅学习到严谨治学的态度，更深刻领悟到注重实践的原则。这些宝贵的经验与精神财富，伴随於崇文一生，成为他在学术道路上不断前行的坚实支撑。

1946 年 5 月，西南联大在战火硝烟中完成了历史使命，宣告解散，学生复员北上。

西南联大的艰苦岁月，是於崇文人生中最难忘的时光。在这所诞生于民族危亡时刻的学府里，他经历了生活的困苦、战争的威胁、思想的洗礼和学术的熏陶。他在困境中坚守对知识的追求、对正义的执着、对未来的希望。西南联大的师生们，用他们的坚韧和智慧，在艰苦中创造了光辉的历史，为中国的文化传承和民族复兴作出了不可磨灭的贡献。於崇文的经历，也成为西南联大这段历史的生动注脚，激励着后人在困境中砥砺前行。

於崇文离开昆明后，没有直接北上，而是决定先回家看看。他途经广西、广东到达香港，再从香港乘坐轮船到达上海。历经半个多月，终于回到了阔别三年的上海家里，沉浸在久违的亲情温暖之中。然而，他内心深处对知识的渴望，驱使他很快毅然决然地踏入了北京大学地质系的大门，就此开启了一段充满未知与挑战的求知征程。

我要在北大多学一点基础知识

1946年秋，从西南联大复员北上后，於崇文进入北京大学地质系学习。当时的华夏大地，正处于历史的关键转折点，旧秩序摇摇欲坠，新秩序亟待建立。整个国家在历经沧桑后艰难地进行着重建，教育作为培育未来希望的重要力量，被寄予了殷切期望。北京大学作为国内的顶尖学府，以其深厚的学术底蕴和包容开放的学术氛围，吸引了怀揣梦想的莘莘学子。

於崇文在北京大学地质系前后学习和工作了6年，其中4年学生、2年教师。无论是学生身份还是教师身份，他心中始终怀揣着一个质朴而坚定的信念："我要在北大多学一点"。

初入北大地质系，浓厚的学术气息扑面而来，让於崇文既兴奋又紧张。他迫不及待地投入学习，无论是复杂枯燥的数理化知识，还是晦涩难懂的地质学理论，他都全力以赴。如同一块干涸的海绵，贪婪地汲取着每一滴知识的养分。

然而，第一个学年的下学期尚未过半，噩耗传来——父亲突然离世。这给於崇文带来了沉重打击。因回家料理丧事，他两门专业课程实习未参加，期末考试成绩不理想，平均分不及格，只能留级。那段时间，於崇文的心情跌入谷底，常常一个人坐在校园的角落，回忆着和父亲相处的点点滴滴。父亲的谆谆教诲仿佛还在耳边回响，可人却已不在，这让他感到无比的孤独和无助。

校园里的同学们依旧朝气蓬勃，讨论着学业和理想。於崇文却觉得自己和周围的一切格格不入，他总是沉默寡言，眼神中满是失落。课堂上，老师的讲解声在他耳边回荡，可他却很难集中精力听讲，甚至开始怀疑自己选择地质学是否正确，怀疑自己能否在这条道路上继续走下去。

於崇文想起了8岁那年，帮忙搬运芝麻秆时父亲对自己说过的话："无论做什么事情，只要决定做了，就一定要做好。"这句话如同一束光，照亮了他心中黑暗的角落。他意识到，自己不能就这样被挫折打倒，父亲虽然离开了，但自己要为了实现父亲的期望重新振作起来。同时，他想起在西南联大时，面对简陋的宿舍、饥饿的折磨以及战争的威胁，自己和同学们都从未放弃。那些为了知识而热烈讨论的场景，那些在防空警报下依然坚持学习的日子，都让他明白，困难并不可怕，只要心中有信念，就一定能够战胜它。

於崇文重新振作起精神，决定选择重读地质学专业二年级课程。他每天早早地起床，迎着清晨的第一缕阳光走进图书馆，如饥似渴地阅读各种文献。他不再逃避课堂，而是积极参与老师的教学互动，主动向老师和同学们请教问题。他把自己的课余时间都用来弥补之前落下的课程，认真完成每一次作业，精心准备每一次地质考察。

在与同学们讨论岩石样本的过程中，於崇文又找回了在西南联大时那种对知识的热情和追求。他和同学们各抒己见，争论得面红耳赤。在这个过程中，他不仅学到了新的知识，还感受到了团队合作的力量。他发现，和同学们一起探索地质奥秘是一件有趣和有意义的事情。

在一次野外地质考察中，於崇文跟着老师和同学们来到了一处山区。这里的地形复杂，岩石种类繁多，是学习地质学的天然课堂。於崇文背着沉重的地质工具，沿着崎岖的山路艰难前行。他的目光紧紧盯着脚下的岩石，不放过任何一个细节。当他发现一块独特的岩石时，心中涌起了久违的兴奋。他小心翼翼地采集样本，仔细观察岩石的纹理、颜色和结构，脑海中不断回忆着课堂上学到的知识，试图分析出这块岩石的形成年代和地质背景。

随着时间的推移，於崇文逐渐走出了父亲离世的阴影，在地质学的学习道路上越走越坚定。他深知，自己的人生不会因为这一次的挫折而停滞不前，反而会因为这些经历变得更加充实和有意义。他将带着西南联大的精神，带着父亲的期望，在地质学的领域里不断探索，为实现自己的理想而努力奋斗。他相信，只要坚持不懈，就一定能够在这片充满未知的领域里找到属于自己的一片天地。

在学习构造地质学时，黄汲清先生的课堂仿佛是一场穿越时空的奇妙之旅。黄先生站在讲台上，身姿挺拔，目光炯炯有神，他用生动形象的语言和极具感染力的手势，将复杂晦涩的地质构造原理演绎得淋漓尽致。於崇文总是早早来到教室，端坐在前排，全神贯注地聆听黄先生的每一句话，不停地在笔记本上记录着重点内容。

跟随孙云铸和王鸿祯先生探索古生物学的奥秘时，那些沉睡在岁月长河中的古老化石仿佛在两位先生的讲述下重获生机。於崇文被深深吸引，课余时间，他常常独自来到地质陈列室，静静地站在化石展柜前，仔细端详着每一块化石。他仿佛能透过这些化石，看到远古时代地球上的生命形态和地质变迁。他还会用放大镜仔细观察化石的纹理和细节，手中的笔记本上记录着他对每一块化石的独特见解和深入思考。

斯行健先生的古植物学课堂，为於崇文展现了一个神秘而古老的植物世界。斯先生对每一种古植物的特征、生存年代都了如指掌，讲解时充满激情，仿佛那些古植物就在眼前生长。在他的悉心教导下，於崇文不仅掌握了丰富的古植物学知识，更学会了严谨、细致的治学态度。他深知，在科学研究中，任何一个细微的发现都可能蕴含着重大的意义。

除了专业课程的学习，於崇文深知基础学科的重要性。向申又枨和王湘浩先生学习初等微积分时，那些抽象的概念和复杂的运算并没有让他望而却步。他常常在课后独自留在教室，反复演算习题，遇到难题时，他会紧锁眉头、冥思苦想，直到找到解题思路。庄圻泰先生的高等微积分课程充满挑战，於崇文为了一道难题，常常废寝忘食。他会在图书馆查阅各种相关资料，与同学们讨论交流，尝试不同的解题方法。

学习普通物理学时，郑华炽和霍秉权先生的讲解让於崇文对物质世界有了更深刻的认识。他积极参与物理实验，亲手操作各种仪器，仔细观察实验现象，小心验证理论知识。马大猷先生的电学课程，让他对电路和电磁现象萌生兴趣，他开始利用课余时间自己制作一些简单的电学实验装置，进一步探索电学的奥秘。

於崇文的学习热情并未局限于学校规定的课程，他还自学了数学系、物理系、化学系的基础课。

北大地质系注重理论与实践相结合的教学方式，几乎每一门专业课都设有野外实习，北京的门头沟、周口店和西山一带是地质系学生的天然课堂。周口店被称为"野外实验室",西山被誉为"培养地质工作者的摇篮",於崇文在这里接受了严格的训练,既提升了自己的实践能力,又培养了自己对地质工作的兴趣。

实习生活虽然艰苦,但也充满乐趣。同学们住在寺庙中,床铺简陋,蚊虫肆虐,但大家都没有抱怨。他们轮流买菜、做饭,互相帮助,共同克服困难。做饭时,大家分工合作,有人烧火,有人洗菜,有人掌勺,共同分享劳动成果。在野外工作中,於崇文总是冲在前面,他的细心和耐心让他能够发现许多别人忽略的细节。同学们遇到问题时,也总是向他请教。

1949年10月1日,新中国成立的消息传遍大江南北。祖国大地沉浸在一片欢腾之中,於崇文也被这伟大的历史时刻深深震撼。他站在校园里,听着广播中传来的喜讯,心中充满了激动和自豪。

新中国成立后,百废待兴,国家对地质资源的需求极为迫切。这让於崇文更加深刻地认识到地质工作对于国家建设的重要性。他深知,地下丰富的矿产资源是国家发展的重要支撑,而自己的所学正是为了探寻这些宝藏。他立志要为国家寻找更多的矿产资源,为经济发展提供坚实基础。于是,他更加努力地学习专业知识,积极参与各种实践活动，不断提升自己的能力。

1949 年下半年，於崇文凭借着自身的能力与热情，被选为北京大学地质系学生会干事。作为学生代表，他全程参与了全校师生代表大会。这次会议规模宏大，事务繁杂，从会议场地的布置、议程的安排到各方人员的协调，每一个环节都需要精心筹备。会议期间，代表们各抒己见，讨论热烈，无论是对学校未来发展的规划，还是对学术研究的探讨，每一个发言都充满热情和建设性。从那以后，於崇文对自己的学习和工作有了更高的要求，不再局限于个人的小目标，而是开始思考如何为集体、为学校作出更多贡献。

1950 年 6 月，於崇文完成了大学学业，面临着人生的重要抉择：是去一线单位从事野外地质勘查工作，还是留在北京大学从事理论研究和教学工作？於崇文陷入了沉思。他想到自己在北京大学地质系学到的丰富知识，想到老师们的谆谆教诲，意识到留在学校能够将这些知识传承下去，为国家培养更多的地质人才。同时，他也渴望在学术研究上取得更深的造诣，为地质科学的发展贡献自己的智慧。经过慎重考虑，他决定服从学校安排，继续留在北京大学地质系从事研究与教学工作。他深知，这是一份责任，也是一份使命，他将用自己的行动为中国的地质事业添砖加瓦。

1950 年 8 月，於崇文正式走上北京大学地质系的教师岗位，被安排在矿物学教研室担任助教。他的工作主要是协助张炳熹和马杏垣两位教授做好教学和实习工作。自习课上，他负责解答学生们的疑惑，并根据学生的不同情况，制订个性化的辅导方案。野外实习时，他手把手地教学生们如何使用地质工具，如何识别岩石和矿物，如何绘制地质图。他还负责指导学生做毕业设计，从选题到撰写论文都严格把关，与学生们一起讨论选题的意义和可行性，帮助他们确定研究方向，指导他们收集和分析资料、撰写论文。

1951 年暑假，地质学专业实习安排在东北地区。於崇文协助马杏垣教授带领学生考察清远铜矿变质岩区。马杏垣指着手中的地质图，向大家介绍整体的地质构造与考察路线，於崇文则在一旁仔细聆听，不时补充一些细节，帮助学生们更好地理解。那是学生们第一次接触变质岩，既兴奋又紧张，眼神中满是好奇。

实习过程中，於崇文鼓励学生们自己动手采集岩石样本，亲身体验地质工作的乐趣。学生们手持地质锤，小心翼翼地在岩石上敲下小块样本，兴奋地向於崇文询问样本的特征和成分。於崇文则会根据样本的外观，深入浅出地讲解其可能的形成环境和地质年代，让学生们不仅看到了岩石的表面，更了解了其背后的地质故事。

当遇到典型的变质岩构造时，於崇文会让学生们围成一圈，蹲下身子，仔细观察岩石的纹理和褶皱。他指着岩石上的片理构造，耐心地解释道："大家看，这些平行的纹理就是片理，它是变质岩在强大的压力作用下，矿物重新定向排列形成的，这是变质岩区别于其他岩石的重要特征之一。"

当遇到险峻的山路时，於崇文总是走在前面，提醒学生们注意安全。在休息时，他会和学生们分享自己以往的考察经历，讲述在野外遇到的有趣故事，让学生们对地质工作有更深刻的认识。

在野外的夜晚，大家围坐在篝火旁，於崇文和学生们分享自己在地质学习和研究中的经历。他讲述着自己在西南联大的艰苦岁月以及在北大地质系求学的点点滴滴，让学生们深刻体会到地质工作者的坚持与执着。学生们也会分享自己在实习中的收获和困惑，於崇文则会一一解答，引导他们深入思考。

实习结束后，在整理标本和撰写实习报告的过程中，於崇文同样给予学生们细致的指导。他告诉学生们，标本的整理和保存是地质研究的重要基础，每一块标本都承载着宝贵的地质信息。他亲自示范如何对标本进行编号、记录采集地点和特征，以及如何妥善保存标本，防止其损坏。

对于实习报告的撰写，他更是严格要求，逐字逐句地审阅，指出其中的问题和不足。从报告的结构、内容的逻辑性到语言的表达，他都一一把关。他教导学生们，报告不仅要准确地描述实习的过程和发现，更要深入分析背后的地质原理，提出自己的见解和思考。

多年后，当於崇文回忆起在北大地质系的点点滴滴，那些与学生们一起野外考察的日子，那些在课堂上激情澎湃的讲授，那些在研究室里的日夜钻研，都仿佛是昨天发生的事情。他为自己能够在北大这块热土上成长，为中国的地质教育和研究事业奉献一生而感到无比自豪。

在担任助教的近两年时间里，於崇文完成了一个学期的普通地质学实习指导和两个学期的普通矿物学实习指导任务。由于出色的表现，1952年，於崇文被评为优秀青年教师，被学校推荐参加留苏预备生选拔统一考试。在那个年代，能参与留苏选拔，无疑是对个人学识与能力的高度认可。当时，留苏预备生的选拔审查流程极为严苛，社会上甚至流传着"够得上入党条件，却不一定够得上留苏条件"的说法。最终的结果令人遗憾，於崇文未能踏上留苏之路。

据他推测，可能是在政治审核环节未能通过。

尽管与留苏机会失之交臂，但於崇文心中并无太多遗憾："从小学到中学，再到大学，我就读的皆是名校。虽错失留苏机会，但一路走来所接受的教育，对我影响深远，我深感满意。"此后，於崇文再未遇到留学契机，也未继续攻读研究生。但这些并未阻碍他在学术之路上的攀登，他凭借自身努力，成为国内少数几位自主培养且仅有本科学历的院士之一，书写了别样的精彩人生。

在北大的岁月里，於崇文践行着"在北大多学一点"的誓言，凭借着这份对知识的执着与热忱，他在地质领域深耕细作。从基础理论的钻研到复杂地质现象的剖析，北大的学习经历成为他学术成长的关键驱动力。他不仅在专业知识上收获颇丰，更在北大严谨的学术氛围中，塑造了严谨的治学态度与创新精神。回首往昔，於崇文对北大满是感恩与眷恋，北大于他而言，是梦想启航的港湾，是知识的源泉，更是精神的故乡，那段在北大学习的时光，成为他人生中最璀璨、最难忘的篇章，深刻烙印在他的灵魂深处，持续激励着他在学术之路上不断探索、奋进。

没想到当年竟有如此大的精力

新中国成立初期，百废待兴，整个国家如同一张亟待描绘的蓝图，而教育事业则是这蓝图中至关重要的底色。在这片充满希望与挑战的土地上，於崇文怀揣着对地质教育事业的炽热理想，踏上了一段波澜壮阔的教育征程，用自己的智慧、汗水与坚持，书写了一段令人动容的奋斗篇章。

1952 年，全国院系大调整的浪潮涌起，这是新中国教育体系重塑的关键节点。於崇文所在的北京大学地质系被调入新成立的北京地质学院（中国地质大学前身）。在筹建转调过程中，於崇文承担了实验室安排和标本管理等工作。此次院系调整，北京大学地质系的教职工、学生和图书、设备、仪器、标本等几乎全部转了过来，成为组建北京地质学院的基石。

1952 年 11 月 1 日，北京地质学院举行首届开学典礼。当时，学院有 1563 名在校学生，但教员仅 108 人，其中教授、副教授 29 人，讲师 15 人，助教 64 人，教学研究力量薄弱。因此，提高教学质量、培养和提高师资、翻译与编译教材、逐步开展科研工作成为建院初期的主要任务。

於崇文被分配到矿物结晶教研室，这里除了经验丰富的教研室主任王炳章教授和陈光远副教授外，其余大多是像他一样初出茅庐的年轻助教。尽管在北京大学地质系有两年助教经历，但面对全新的教学环境和"矿物学""结晶学与矿物学"两门课程的教学任务，於崇文的内心依旧忐忑不安。

地质学院学生众多，要为上千名学生开设各类课程，教学任务异常繁重。而且，矿物结晶教研室的教师们大多是首次登上讲台，毫无教学经验。於崇文在教学实践的摸索过程中，逐渐形成了一套独特的"自导、自编、自印、自演"教学流程。

所谓"自导"，是按照教学大纲要求，自行筛选和确定教学内容。当时的教学大纲虽参考了苏联模式，但苏联实行五年制教育，中国采用四年制，如何在有限的时间内将知识系统地传授给学生，成为摆在教师们面前的一道难题。於崇文通过仔细研读教学大纲，在有限的资料中反复筛选，力求为学生挑选出最核心、最实用的知识。

"自编"是自己编写教材讲义。院系调整是在苏联专家建议指导下进行的，虽有苏联的教学大纲和教材可供参考，但直接将俄文教材发给学生显然行不通。於崇文决定亲自编写教材，为学生量身打造一套适合的学习资料。他白天忙于上课、备课和辅导学生，只能利用晚上时间编写教材。夜晚的宿舍里，其他人早已进入梦乡，而於崇文还在挑灯夜战。他时而奋笔疾书，将自己的知识和见解融入教材；时而停下思考，查阅各种资料，力求每一个知识点都准确无误。遇到难题时，他会起身在狭小的房间里踱步，思索解决方案。为编写一本高质量教材，他不仅查阅大量苏联资料，还参考英文文献，将不同的知识体系进行有机整合，力求让教材既适合中国学生，又紧跟国际前沿。

编讲义最困难的是手绘分子结构插图。分子结构图由复杂的线条和小圆圈组成，绘制要求极高，稍有偏差就可能导致学生理解错误。为了绘制出准确、清晰的插图，他买来专业的绘图工具，从最基本的线条开始练习，不断提高自己的绘图技巧。他还向学校里擅长绘图的老师请教，学习绘图技巧和方法。每一幅插图，他都要经过多次修改和完善，才最终确定。有一次，为了绘制一幅复杂的矿物晶体分子结构插图，他连续绘制了十几个小时。

"自印"的过程同样充满挑战。当时没有复印机，所有讲义都要靠自己动手刻写蜡版，然后用油印机印刷。於崇文坐在桌前，小心翼翼地刻着蜡版，每一个字、每一个符号都刻得工工整整。刻蜡版需要极大的耐心和专注力，稍有不慎就可能刻错，前功尽弃。刻完蜡版后，还要费力地推动油印机，一张一张地印刷讲义。印刷过程中，油墨常常弄脏手和衣服，但他却毫不在意。常常是印完讲义，天已经快亮了，他的手上沾满了油墨，脸上却带着满足的微笑。

"自演"则是将自己编写的教材通过课堂传授给学生。

於崇文的教学日常，忙碌而充实。每天清晨，当第一缕阳光还未完全照亮校园，他便早早地来到教研室，开始整理当天的教学资料，仔细检查每一份教案，确保内容准确无误。他会从标本架上小心翼翼地取下准备用于课堂展示的矿物标本，逐一擦拭，让它们在阳光下闪烁着独特的光泽。这些标本是他的宝贝，每一块都承载着地球亿万年的奥秘。

课堂上的於崇文，宛如一位充满激情的指挥家。他站在讲台上，身姿挺拔，声音洪亮而富有感染力。在讲解矿物的物理性质时，他拿起一块石英晶体，向学生展示它的光泽、硬度和透明度："同学们，你们看这块石英，它的玻璃光泽就像清晨的露珠，纯净而明亮。我们用小刀去刻划，会发现它的硬度很高，这是因为它内部的原子结构紧密排列。"他的讲解生动形象，将抽象的知识变得通俗易懂。为了让学生更好地理解结晶学中复杂的晶体结构，他提前几天就开始准备。他找来各种颜色的黏土，精心制作了一个个晶体结构模型，一边演示一边讲解："立方体的晶体结构，每个顶点和面上的原子都有着特定的位置和排列方式，就像我们搭建的积木一样，有着严格的规则。"学生们的目光紧紧跟随他的演示，眼神中充满了好奇和求知的渴望。

於崇文非常注重与学生的互动。他会在课堂上提出各种问题，引导学生思考。有一次，在讲解矿物分类时，他问学生："同学们，根据我们所学的知识，大家想一想，金刚石和石墨都是由碳元素组成的，为什么它们的性质却有如此大的差异呢？"学生们纷纷陷入思考，有的皱着眉头，有的小声讨论。随后，大家踊跃发言，於崇文认真倾听每一个回答，然后给予点评和引导。他鼓励学生大胆发表自己的见解，培养他们的创新思维和独立思考能力。

课后，於崇文的工作并没有结束。他留在教室为学生答疑解惑。常常是其他班级的学生都已经离开了教室，他还在耐心地为学生讲解问题。有一位学生难以理解矿物的晶体对称性，於崇文就用简单的图形和例子一遍又一遍地解释，直到学生完全明白。回到宿舍后，他又开始批改作业。他对待每一份作业都认真细致，在作业本上写下详细的评语和建议，对于学生的错误，他会耐心地指出并给出正确的思路；对于学生的优秀表现，他会给予鼓励和表扬。他深知，这些评语和建议，可能会影响学生的学习态度和未来发展。

在那个向苏联全面学习的年代，掌握俄语成为吸收先进知识的关键。於崇文白天忙教学，晚上突击学习俄语。他的宿舍墙上贴满了写有俄语单词的纸条，桌上堆满俄语教材和笔记。每天晚上，他都会坐在桌前认真学习俄语单词、语法，听俄语广播，模仿发音。为了记住一个单词，他会反复在纸上书写，嘴里还不停地默念。他还会利用课间休息的时间，拿出随身携带的俄语单词卡片，背诵几个单词。经过一年的努力，他已经能够熟练地阅读俄文专业文献，这为他的教学和科研打下了坚实的基础。

1955 年，北京地质学院决定增设地球化学课程。於崇文凭借扎实的矿物学基础、物理化学基础以及对地球化学的浓厚兴趣，承担起了开课任务。地球化学在当时的中国几乎是一片空白，毫无基础和经验可借鉴。於崇文深知任务艰巨。

为此，学校邀请乌克兰基辅大学的教授为教员们讲授地球化学知识，於崇文如饥似渴地学习。每次上课，他总是早早地来到教室，坐在最前排，认真听讲，不放过任何一个细节。他的笔记本上，密密麻麻地记录着教授讲解的内容，还有自己的思考和疑问。课后，他会主动向教授请教问题，与其他教员讨论学习心得。同时，他还广泛收集西方的相关文献资料，深入研究不同的学术观点和研究成果。

在充分学习和借鉴的基础上，於崇文开始编写教材。他从学生的认知水平和学习需求出发，用通俗易懂的方式呈现地球化学知识，并学习苏联和英、美国家的研究成果，将两者有机结合。当时，地质出版社不定期出版《地球化学专辑》，主要刊载苏联和其他国家最新的专业论文，於崇文积极参与专辑文章的翻译工作。1956 年 10 月出版的《地球化学专辑：第 1 辑》第一篇文章就是由於崇文翻译的苏联学者别捷赫琴的《论地球化学的任务》。1957 年 12 月出版的《地球化学专辑：第 2 辑》共有 9 篇译文，其中於崇文一人就翻译了 4 篇。其后，几乎每期都有於崇文的译文。他的翻译工作非常严谨，力求每一个术语和语句都准确无误。

经过多年的辛勤耕耘，於崇文在教学和科研方面取得了显著的成果。他出色地完成了各项教学任务，培养了一批又一批优秀的地质人才。他编写的教材成为学生们学习的重要参考资料，他独特的教学方法深受学生们的喜爱和尊敬。在当时北京地质学院的青年教师群体中，流传着"两位仁杰"的说法，其中一位是清华大学毕业、在晶体结构研究领域成就突出的彭志忠，另一位就是北京大学毕业、在教学领域崭露头角的於崇文。

於崇文不仅在教学上成绩斐然，还积极参与筹设地球化学专业及其教研室，为填补我国地球化学学科的空白作出了重要贡献。

1960年2月，地质部下发《关于地质学院若干重大问题的决定》，确定北京、长春、成都三所地质学院共同增设勘探机械设计与制造、勘探仪器设计与制造、物探仪器设计与制造、无线电设备设计与制造四个专业。北京地质学院单独设物探测井、海洋物探及地球化学三个专业。其中，地球化学专业实行四年学制。

按照地质部指示，北京地质学院建立了"地球化学勘探教研室"，设在地质矿产二系，任命曹添为教研室主任，抽调矿物结晶教研室於崇文、张本仁，物探系林名章、阮天健、张承亮，以及地质勘探系李泽九、崔续昌、骆庭川、张伯行组成教研团队。创建新专业，关键是要确定办学宗旨。经过反复讨论，教研室人员一致同意新专业的办学方向是将地球化学理论与地球化学探矿的生产实践紧密结合。这个办学方向在我国独具特色。

1960年6月，"地球化学勘探教研室"更名为"地球化学及地球化学探矿教研室"（简称地球化学教研室），明确定为"地球化学及地球化学探矿专业"（简称地球化学专业），并将地质勘探专业3个年级的学生整建制地直接转为地球化学专业。9月，地球化学专业正式招收第一批新生入学。至此，北京地质学院成为国内第一所培养地球化学专门人才的高等学校。

地球化学教研室成立后，於崇文与其他教师一起，共同商讨专业的课程设置、教学计划和人才培养方案。他们四处奔波，邀请专家学者来校讲学，为专业发展奠定基础。

地球化学专业在当时尚属新兴学科，国内教学体系和教材建设均处于起步阶段。於崇文深知，编写一本高质量的教材对于专业发展和人才培养至关重要。于是，他毅然承担起编写高等学校教材《地球化学》的重任。

在编写过程中，他面临诸多困难。首先是可供参考的资料十分有限，国内几乎没有成熟的教材范例，国外的资料又因语言和地质条件差异，不能完全照搬。其次是时间紧迫，教学工作不能因教材缺失而受影响。於崇文没有被这些困难吓倒。他和同事们日夜查阅国内外相关文献资料，结合中国地质实际情况和教学需求，对每一个知识点进行反复斟酌和论证。为确保教材内容的准确性和科学性，他常常废寝忘食，对每一个数据、每一个理论进行严格审核，不断完善教材内容。经过两年的不懈努力，1962年，《地球化学》终于由中国工业出版社正式出版。这本教材凝聚着於崇文和同事们的心血，它不仅系统阐述了地球化学的基本理论和方法，还结合了中国地质特点，具有很强的实用性和针对性。这本教材的问世，为我国地球化学专业的教学提供了重要参考依据，填补了国内空白，为培养优秀的地球化学专业人才奠定了坚实基础。由于在教学和科研工作中的突出表现，1964年3月，於崇文被任命为地球化学教研室副主任。

地球化学教研室及专业的筹建由曹添领衔，於崇文和张本仁协助负责，因贡献突出，三人当时被称为创建地球化学专业的"三驾马车"。但於崇文从不居功自傲。2012年，於崇文在回忆曹添的文章中将其称为"创建我校地球化学与地球化学找矿专业的'功臣'"，表达了对曹添贡献的充分肯定与赞誉。他还纠正"三驾马车"之说并不全面，其中还有林名章、阮天健、张承亮、朱有光、刘文华等其他教员的功劳，加上当时实行师生共建，物探系的高年级学生实际上也参加了地球化学专业的建设。

"文化大革命"期间，地球化学教研室经历了几轮迁校，专业几乎处于被取消的状态。然而，国家建设离不开地球化学专业人才。于是，他们把课堂搬到野外、矿山。1969年起，地球化学教研室的老师们将工作投向野外地质队、物化探队及有关部门和学校等，开展以教改小分队和培训班为主要形式的教学和科研活动，向生产一线的技术人员传播地球化学和地球化学探矿的理论和技术方法。其间，地球化学教研室的人员还参加了"北京西郊首钢地区环境污染调查与评价研究"项目，该项目成果受到了1978年全国科学大会的表彰。

回顾於崇文在新中国成立初期的教学经历，他边学边教、敢于拼搏、废寝忘食、甘为人梯的形象跃然纸上。在那个艰苦的时代，他凭借坚定的信念和不懈的努力，为我国的地质教育事业奠定了坚实基础。他的精神，激励着一代又一代的教育工作者，在追求知识和真理的道路上不断前行。如今，当我们享受着日益完善的教育体系带来的成果时，不应忘记像於崇文这样的先驱者们所付出的努力和牺牲。以於崇文为代表的先驱者们，凭借着对地球化学专业方向坚定不移的信念、对培养国家需要的专业人才的高度责任心和战胜各种艰难困苦的胆略和勇气，使地球化学专业的目标和水平随着改革开放不断拓宽和提高，并持续保持国家重点专业的荣誉，在国家经济建设、专业人才培养和学科建设等方面作出了重要贡献。他们的故事，将永远铭刻在新中国教育发展的历史长河中，成为我们前进的动力和榜样。在未来的教育发展中，期待能有更多像於崇文这样的人，为培养更多优秀人才，推动国家的教育事业和科学发展贡献力量。

# 逆境中的坚韧豁达：你搞你的，我做我的

1956 年，党中央发出"向科学进军"的伟大号召，犹如一声激昂的号角，在知识界掀起了追求科学、钻研业务的热潮。於崇文满怀热忱，全身心投入自己热爱的地质科学领域，期望能以自己的专业知识为国家建设贡献力量。

然而，当时特殊的政治环境和复杂的社会思潮，却让於崇文的追求遭遇了重重阻碍。

1957 年，全党开展"整风运动"，之后演变成了"反右倾运动"。在这场运动中，社会氛围变得更加紧张，政治批判之风盛行。於崇文在"红专辩论"中，因坚持自己对学术研究的专注，被批判为"走白专道路"，还被指责持有"知识资本论"。面对这些铺天盖地的批判，於崇文从未理会。他依旧每天早早来到实验室，仔细分析地质样本；认真备课，精心为学生传授专业知识。因为他深知，教学和科研才是自己真正的职责所在。

1958 年，全国开展了一场轰轰烈烈的"大跃进"运动。9 月 20 日，北京市高等学校、中等专业学校齐聚北京大学，召开支援钢铁生产誓师大会。北京地质学院积极响应，增派 1500 余名承担找矿任务的师生投身其中，於崇文便是这浩荡队伍中的一员，被派往位于青海东部的湟源县参与找矿工作。

於崇文担任找矿大队中队长。然而，特殊的政治环境给他的工作带来诸多阻碍，让他虽有中队长之名，却无相应权力。整个中队实际由小队长领导，他无奈地被戏称为"老百姓中队长"，有名无实。但这些外在的困境，丝毫没有动摇於崇文对找矿事业的热爱与执着。在他心中，找矿工作是关乎国家钢铁生产、关乎国家建设的神圣使命，绝不能因个人境遇而有丝毫懈怠。

在找矿的过程中，於崇文始终秉持实事求是的科学态度。一次，他们在勘探时发现一些区域因长期氧化作用，地表形成看似矿石的氧化产物。找矿人员大多基础薄弱、经验不足，仅凭表面现象就将这些区域划定为矿藏点。於崇文没有盲从，他深知地质情况复杂多变，不能仅依据表面现象轻易下结论。他不顾他人质疑，独自深入研究，仔细分析地质构造和矿石形成原理。经过多日努力，他得出准确结论：这些地方虽表面看似有矿，但深部实际上并无矿床。尽管观点与众人相悖，可能面临诸多压力，但他依然坚定地坚持自己的判断，勇敢站出来反对将这些区域划为矿藏点。科学是严谨的，任何错误判断都可能导致资源浪费和国家建设延误。这种在困境中坚持真理的精神，是於崇文最宝贵的品质之一。

在艰苦的找矿工作中，於崇文还时常面临各种艰难险阻。有一回，他在接近傍晚时接到县里紧急通知，要求立刻前往一个物探队。任务紧急，他不敢耽搁，迅速带足装备，踏上前往物探队的路途。然而，当地路况极差，全是崎岖不平的土路，行进十分困难。随着时间推移，夜幕逐渐降临，黑暗如潮水般迅速吞噬周围一切。於崇文的手电筒光线在长时间使用后渐渐变弱，而他距离目的地仍有一段距离。在这荒郊野外，如果无法在夜晚找到住处，自身安全将受到严重威胁。就在他感到焦急之时，前方出现一丝微弱灯光，那是一户人家。他急忙赶过去，轻轻叩响门。开门的是一位妇女，於崇文尽量让自己语气平和、放慢语速，一字一句向她说明情况。妇人起初有些犹豫，但看到於崇文疲惫而诚恳的面容，最终还是让他进了屋。后来，家中老太太还为他烧热了炕、做了饭菜。一顿热饭、一个温暖的炕头，让於崇文在这艰难的找矿途中感受到久违的温暖。

仅仅几个月，北京地质学院的师生就完成了22万平方公里的1:20万区域地质测量任务和20万平方公里的1:5万地质普查工作，检查了近3万个矿点，培训了4万多名地质干部和17万名报矿员，进行了几百个水库的勘察和设计工作，广泛地向群众宣传地质科学知识，还结合生产实践广泛开展科学研究，4个多月发表论文76篇。当然，在当时的形势下，这些数据里面有不少浮夸的成分。

1963 年，"四清"运动在全国农村和城市先后展开，成为后来席卷全国的"文化大革命"的前奏。"四清"工作队成员的选拔极为严苛，他们的主要任务是为基层干部充当"参谋"角色，对基层工作进行指导与全力帮扶。在工作过程中，注重启发基层干部，培养他们分析复杂问题的能力，助力其精准确定工作方针与切实可行的办法。

1965 年 10 月，於崇文积极响应号召，毅然投身地质部西北"四清"工作团工作队。随后，他被分至地质部第三物探大队 331 工作队。身为大学教师，於崇文有着令人敬仰的学识与地位，但他毫无知识分子的架子，以谦逊亲和的姿态迅速融入基层。工作期间，他与工人们保持着紧密无间的联系，在简陋的食堂里与工人们围坐一处同吃大锅饭；夜晚，与工人们一同挤在狭小的宿舍，共卧硬板床；白天更是活跃在劳动一线，与工人们并肩作战，一同参与繁重的体力劳动。他不辞辛劳，深入基层的每一个角落，以实际行动切实参与"四清"工作的方方面面。

"四清"工作结束后，於崇文回到北京。1969 年，北京地质学院响应"教育革命"号召，动员教职工下放干校劳动。於崇文家当不多，但藏书十分丰富，大多是珍贵的俄文原版和英文影印版专业书籍。这些书籍是他多年积累的知识财富，也是他进行科研和教学的重要工具。但面对即将到来的农村生活，他不得不忍痛做出抉择。他深知，在农村从事体力劳动的日子里，这些书籍可能无法派上用场，反而会成为沉重负担。于是，在经过一番痛苦挣扎后，他狠心将这些装满十几个麻袋的外文专业书籍当作废纸卖掉。

到达江西农村的"五七"干校后，於崇文面临艰苦的生活和工作条件。教职工们住的房子尚未建成，必须自己动手建造。打土坯、烧窑造砖、扛木料、砌墙盖房，每一项工作，於崇文都做得认真细致。

在劳动过程中，於崇文始终保持强烈的求知欲和学习精神。担任泥瓦工砌墙盖房时，他虚心向工人师傅请教"横平竖直"的要领，仔细观察师傅们的操作技巧，并不断在实践中摸索总结。他发现，砌墙不仅是一项体力活，更是一门讲究技巧和耐心的艺术，只有掌握正确方法，才能保证墙体的稳固和平整。砌砖窑时，他与同事林名章一起承担技术难度较大的圆形拱顶的对砌任务。他们共同研究图纸，分析施工难点，密切配合。经过几天努力，成功完成圆形拱顶的对砌。

在负责稻谷催芽工作时，於崇文同样展现出严谨的科学态度和勇于探索的精神。他主动向有经验的农民请教"干根湿芽"的原理和方法，认真记录，反复试验。他发现，要想让稻谷在最短时间内发芽，并且保证发芽的质量，需要精确控制温度和湿度。于是，他通过不断调整浇水的时间和量，以及控制室内的通风情况，最终成功将发芽周期从 35 小时缩短至 24 小时。他将这些宝贵的经验详细记录下来，离开时把资料留给当地农民，希望能够帮助他们提高农业生产效率。

除参与这些劳动，於崇文还积极参加砍柴、挑粪、种菜、插秧等各种农活。无论什么任务，他都认真对待，从不敷衍了事。凭借以往野外生活的经验，於崇文很快适应了劳动强度大、营养不足、生活单调的干校生活。由于踏实肯干、善于学习，他还多次被邀请在"讲用会"上分享自己的劳动经验和学习心得，成为大家学习的榜样。

1971 年 5 月初，於崇文的人生迎来新的转折点。因工作需要，他被抽调至福建教改小分队，参加"教育革命"。此次教学任务对他来说是巨大挑战，因为面对的是一群文化程度普遍较低的工人学员，其中大多数只有小学、初中文化程度，而且基本没有地质学基础。要让这些学员理解复杂的地质学知识，难度可想而知。

他认真研究教学方法，思考如何将深奥的地质学知识以通俗易懂的方式传授给学员。他首先从编写教材讲义入手，为使教材内容贴合学员的实际水平和需求，他不辞辛劳跑遍闽南的主要矿山进行实地考察，收集第一手资料，了解当地的地质矿床情况。回到住处后，他将这些资料进行整理和分析，然后用简单明了的语言编写成与闽南矿床实际相结合的矿床学教材讲义。在编写过程中，他充分考虑学员的接受能力，尽量避免使用过于专业晦涩的术语，而是用生动形象的例子和比喻来解释复杂概念。

在教学过程中，於崇文更是倾注心血，精心备课，每一堂课都要准备大量资料和实例。课堂上，他深入浅出地讲解，耐心解答学员们的每一个问题。为让学员们更好地理解抽象的地质概念，他经常带领大家进行实地考察，让他们亲身体验地质现象。

在与工人学员相处的过程中，於崇文没有丝毫架子。他和学员们同吃、同住、同劳动，与他们建立深厚的友谊。由于当地方言众多，学员们之间的交流存在一定障碍，尤其是在周末休息时，因语言不通，大家往往只能和熟悉的人聚在一起。於崇文主动融入他们，努力学习当地方言，与学员们打成一片。他的亲和力和耐心赢得学员们的信任和喜爱。

1971 年 11 月中旬，地质训练班首届工人学员结业，福建省冶金工业局对培训工作非常满意，希望来年学院能够继续开展培训，并将学时延长至一年，以便使受训学员结业时能够达到中等专业技术水平。这一认可不仅是对於崇文教学工作的高度评价，更是对他在逆境中坚持教学、努力培养人才的精神的肯定。

训练班结束后，於崇文回到江西"五七"干校。1972 年 5 月，北京地质学院"五七"干校由江西省仁和县迁至湖北省沙洋县，於崇文也随之进入湖北地质学院。同年 10 月，冶金部在广西桂林举办地球化学学习班，聘请於崇文、张本仁、阮天健、林名章等人讲授地球化学相关知识。

与福建训练班不同，这次培训班的学员大多是工作多年的技术人员，他们对知识的深度和广度有更高要求。而於崇文刚从干校回来不久，在干校期间脑力劳动较少，重新拾起高深的专业知识时，起初感到有些力不从心。但他凭借对专业的热爱和顽强的毅力，迅速调整状态。他和张本仁一起合作编写了讲义《地球化学》用作培训班的教材。在编写过程中，他不断查阅资料，回顾自己多年来的研究成果，努力找回曾经的学术状态。他还积极与其他专家学者交流，听取他们的意见和建议，对教材内容反复修改和完善。

经过一段时间的努力，於崇文逐渐适应新的教学要求，讲课效果也明显提升。在这次培训班上，他不仅找回了教学的感觉，更重要的是，他重新找回自己在学术领域的自信。在经历多年的曲折和坎坷后，他终于又找到了自己的用武之地，再次在地质科学的传播和发展中发挥重要作用。

在时代的浪潮里，总有一些人如顽强的礁石，任汹涌波涛如何拍打，始终坚守自身，於崇文就是这样一位在逆境中书写传奇人生的典范。在教学上，无论面对怎样的学生和教学条件，都始终坚守教育的初心，努力将知识传授给每一个渴望学习的人；在科研上，即使身处艰苦环境，也从未停止对真理的追求；在面对各种困难和挑战时，他始终坚守自己的信念和原则，以实事求是的态度对待每一个问题。

用於崇文自己的话来说，1949 年以后所有的大小"运动"他都经历了，没有错过一场。而对待各式各样的"运动"，他总是坚持一种态度：你搞你的，我做我的。正是这种坚定的态度，让於崇文即使在艰难的处境中，仍然能够保持乐观，坚持做好自己的分内工作，用自己的实际行动诠释了"逆境中的坚持"的深刻内涵。

# 三百字电报只为商讨女儿如何上学

1950 年留任北大参加工作时，於崇文已经 26 岁了，已是晚婚的年龄。1953 年，在北京地质学院升任讲师后，因忙于教学工作，他无暇顾及个人婚姻问题。后来在家人的一再催促下，於崇文才开始重视起来。此时，於崇文已经认识了在数学教研室任助教的蒋耀淞女士。

蒋耀淞原籍江苏省宜兴市，1931 年 5 月出生，自幼便展现出超乎常人的聪慧与好学。1948 年，她成功考入燕京大学数学系。1952 年毕业后，留任北京大学当助教，同年底调到北京地质学院数学教研室。此后，她便长期致力于基础数学及概率统计方面的教学和科研工作。她气质温婉，才华横溢，在数学领域见解独到。於崇文与她在工作交流中相识，此后有了更多接触机会。他们一同探讨教学方法，分享学术研究心得，两颗心在一次次交流中越靠越近，感情日渐深厚。

1957 年底，於崇文与蒋耀淞喜结连理。组建小家庭后，於崇文的生活多了温暖与幸福，他还将母亲从上海接来，共享天伦之乐。

婚后，因专业性质，於崇文经常外出进行野外工作。蒋耀淞十分理解他，毫无怨言，默默承担家中大小事务，将家里打理得井井有条，让於崇文能毫无后顾之忧地投身工作。

1958 年 2 月，一场变故打破家庭平静——蒋耀淞被定为"右派"并开除党籍。消息如晴天霹雳，让蒋耀淞陷入巨大痛苦，精神状态一落千丈。於崇文看着妻子的憔悴模样，心疼不已。在那段艰难日子里，他给予蒋耀淞无微不至的关怀与支持，用爱和温暖陪伴妻子度过人生低谷。

同年，他们的女儿於群出生了。新生命的降临，宛如一道希望的曙光，穿透了笼罩在家庭上空的阴霾，为这个家庭带来了新的希望与欢乐。於崇文看着襁褓中可爱的女儿，心中满是柔情与责任。即便工作再忙，他也会抽出时间来陪伴女儿。女儿睡醒时，他轻轻地抱起她，用温柔的声音哼唱摇篮曲；女儿玩耍时，他坐在一旁专注地看着她，脸上洋溢着幸福的笑容；女儿哭闹时，他耐心地哄着她，用温暖的怀抱给予她安全感。女儿每一个成长的瞬间都被他小心翼翼地珍藏在心中，看着女儿一点点长大，是他生活中最幸福的事。

於崇文十分关心女儿的生活和学习。虽然经常参加野外地质工作，在家陪伴女儿的时间非常有限，但这丝毫没有减少他对女儿的爱。

一次，於崇文在野外工作时非常想念女儿，特意给女儿写了一封信。因为女儿还不识字，於崇文灵机一动，画了一张画附在信的后面。画上有一座巍峨的大山，山上绿树成荫，树上结满了沉甸甸的果子。树下有一个人正专注地敲打石块，旁边散落着许多从树上掉下的果子。於崇文在信里认真地解释说，画上的人就是自己，正在野外进行地质工作。他还不忘在信中教育女儿："地上虽然有很多果子，但这些是公家的东西，我们不能拿。"这一封简单的信，承载着於崇文对女儿深深的思念和殷切的教导。

1969 年，北京地质学院在江西省峡江县仁和公社的龙坡村和坳下村建立"五七"干校，以参加劳动、接受工农再教育为名，将大部分教职工下放到干校劳动。於崇文一家也未能幸免。当时，於群刚读小学五年级，本该是在校园里无忧无虑学习、在知识的海洋里尽情遨游的年纪，却因这时代的浪潮，生活被彻底打乱。

干校的条件十分艰苦，连一所正规的小学都没有，孩子们的读书问题就像一块沉甸甸的石头，压在了每一位家长的心头。好在地质学院的老师们心怀热忱，自发组织了一个临时小课堂，让随父母下放的孩子们有了读书的地方。临时课堂的学制很不规范，教学设施也极为简陋，但孩子们十分珍惜这来之不易的学习机会。於群也在临时课堂里学习，她每天早早地来到课堂，坐在破旧的书桌前，认真听老师讲课。

时光匆匆，两年转瞬即逝。1971 年，一个消息打破了干校相对平静的生活——北京地质学院的干校准备从江西仁和迁到湖北沙洋。於崇文当时正在福建教改小分队，听闻这个消息后，心中满是忧虑与不安。他觉得湖北沙洋的条件非常差，那里的教育资源更加匮乏，孩子上学会变得更加困难。

於崇文对女儿的教育一直极为重视，在他心中，孩子的学业是重中之重。想到女儿可能面临无学可上的困境，他心急如焚、坐立难安，在房间里不停地踱步，思索着解决办法。

经过一番深思熟虑，於崇文决定给江西干校的妻子蒋耀淞发一封电报。在那个通讯并不发达的年代，电报是传递紧急信息的重要方式，但电报按字数收取费用，价格相对昂贵。然而，於崇文这封电报却足足有三百字。

当邮递员将这份长长的电报交到蒋耀淞手中时，她心里"咯噔"一下，心想："这得是多大的事，才会发这么长的电报？"她急忙打开电报，电报的内容让她既意外又感动，整整三百字全是在商讨女儿如何上学。於崇文在电报中详细分析了当前的形势，列举了各种可能的解决方案。

后来，每当蒋耀淞提到这件事，总是会笑着说："来了一个三百字的电报，只是说女儿上学的事情。"这句看似轻松的话语背后，是一家人在特殊时代下对教育的执着坚守，也是於崇文对女儿深沉父爱的生动体现。这份电报，成为他们生活中的一段独特记忆。

1972年，"五七"干校的管理有所松懈，一些下放干部开始返京。於崇文和蒋耀淞仿佛看到了希望，经过一番商议，他们决定先将女儿送到北京蒋耀淞的母亲家里，由老人接送她上学。这样，於群终于能在北京相对稳定地继续学业。

於群读完初中后，受当时的形势所限，大学不招生，高中教育也很不规范。於群作为独生子女，按照政策可以进入一所技工学校。於崇文虽满心无奈，但也别无选择。於群从技工学校毕业后，直接进入工厂做了工人。每天，她在工厂的轰鸣声中忙碌，重复着单调而繁重的工作。

1977年，一个改变无数人命运的消息传来，关闭了11年的高考大门重新开启，考试时间定在当年12月。招生主要遵循两条原则：一是本人表现好，二是择优录取。这个消息，如同一声春雷，响彻了神州大地，让无数人心中燃起了一丝希望之火。

得知这个消息后，於崇文满心期待女儿能借此机会改变命运。由于於群没有上过高中，於崇文决定让女儿自学高中知识后参加高考。他相信女儿的能力，也相信只要努力，就没有克服不了的困难。於崇文和蒋耀淞主动承担起辅导任务。尽管两人都还有繁重的教学任务，时间十分有限，但他们还是想尽办法挤出时间帮助於群。

於群一边要承担工厂里繁重的工作，一边还要抓紧时间学习。她的生活变得忙碌而充实，每天天不亮就起床，轻手轻脚地洗漱。而后，借着那熹微的晨光，翻开书本，小声诵读着知识点。到了工厂，机器的轰鸣声震耳欲聋，弥漫的粉尘让她的嗓子常常干痒难受。她在铸造小阀门的岗位上，双手不停地忙碌着。但每当工作间隙，她就会迅速掏出藏在工作服口袋里的小本子，上面密密麻麻写满了数学公式、语文诗词。下班后，拖着疲惫的身体回到家，她又立刻投入到学习中。

1977 年 9 月国家决定恢复高考时，距离当年的考试时间仅有三个月。时间紧迫，於群的准备并不充分，最终没有考上。但她并不气馁，反而更加坚定了继续学习的决心。接下来的一年里，於群更加努力地学习，她放弃了所有的娱乐时间，全身心地投入高中知识的学习中。於崇文和蒋耀淞也始终陪伴在她身边，给予支持和鼓励。周末，一家人围坐在桌前，一起探讨学习问题，於崇文会分享自己求学时的经验，蒋耀淞则会温柔地为女儿加油打气。

於崇文的弟弟於坤瑞是学数学的，当时在中国科学院数学所任职，於崇文还请弟弟加入辅导队伍。闲暇时，弟弟会带来一叠精心准备的数学资料，用专业的知识和独特的方法帮助於群攻克数学难题。弟弟的邻居是一位物理老师，在大家的热情邀请下，也欣然前来辅导於群。

1978 年，於群的努力得到了回报，她考上了华中工学院（华中科技大学前身）。收到录取通知书的那一刻，她激动得泪水夺眶而出。於崇文和蒋耀淞看着女儿，眼中满是骄傲与欣慰。在专业选择上，於崇文凭借敏锐的洞察力，预见计算机专业在将来会有很大的发展空间，于是建议女儿选择计算机专业。

一个没有读过高中的学生，还要正常上班工作，仅用了一年多点的时间，自学完高中三年的课程，并且考取了大学。其中的艰辛只有於群自己清楚。而在这背后，是於崇文、蒋耀淞坚持不懈的付出和鼓励，是一家人在困境中对知识的执着追求和对未来的坚定信念。在那个特殊的年代，於崇文用自己的行动诠释了一位父亲对女儿深深的爱与责任。他对教育的重视，对家庭的坚守，成为女儿成长道路上最坚实的后盾。

# 八年磨一剑的坚持

1972 年，结束干校生活回到学校的於崇文，满心都是对科研工作的热切期待。当时，"文化大革命"的阴影仍笼罩着华夏大地，学校的教学秩序混乱，教学任务近乎停摆。一次偶然的机会，他得知中国科学院气象研究人员正在运用多元统计分析研究气候变化。於崇文敏锐地意识到，将多元统计分析引入地质学或许能为这门古老学科开辟全新的发展路径，助力地质科学朝着定量化大步迈进，这无疑是地质学研究领域的一大创新契机。

"这或许就是我一直追寻的突破口"，於崇文想，这一设想一旦成功，不仅能大幅降低地学因素分析的不确定性，还有可能为地质科学研究带来新的变化。这个想法如同一颗种子，在他心中迅速生根发芽。

於崇文迅速行动起来。他四处奔走，积极联络地球化学教研室和数学教研室的教师，凭借自身的专业威望，成功组建起一支充满活力与创造力的科研团队。在团队组建过程中，於崇文不断与成员交流自己的想法，描绘未来研究的方向，激励大家共同投身这场充满挑战的科研探索。

与此同时，於崇文积极向冶金部申请"陕西略阳煎茶岭超基性岩体铜镍矿成矿成晕规律"研究项目。申请过程中，他遭遇诸多困难与质疑，有人怀疑他的研究思路，认为将多元统计分析应用于地质研究过于冒险，成功的可能性极小。但於崇文凭借扎实的专业知识，向评审专家阐述研究方案的可行性和预期成果，最终成功获得立项和资金支持。

於崇文发现，20世纪以来，地质科学同基础自然科学以及先进技术的结合日益紧密，在它们的结合点上不断催生出新的边缘科学，这已成为地质科学发展的显著趋势。例如，地质学与物理学、化学、力学等学科的融合都取得了丰硕成果。他认为，地质学与数学的融合必将为地质科学带来新的生机与活力。

"我们正站在地质科学发展的新起点上，将多元分析融入地质科学是一项新的科学探索。"於崇文在团队内部研讨会上严肃而坚定地说道。他的话语，让每一位成员都深刻认识到自己所从事研究工作的重要性和意义。

当时的地质数学研究面临诸多困境。多数地质数学研究成果依赖少数几类经验函数，所构建的数学模型存在很大局限性。同时，模拟实验大多在实验室条件下进行，受条件所限，实验结果往往与真实地质过程存在一定差距。地质数学迫切需要一种全新的数学模型和统计方法。

多元统计分析的出现，让於崇文看到了突破困境的希望。它可以利用计算机人为设计出符合需求的概率论模型，借助观测数据在计算机上进行计算。计算机能够在短时间内进行多次模拟计算，从而有效克服经验函数和实验室条件的局限性。

"这就是我们一直在寻找的方法！"於崇文兴奋地向团队成员宣布。他详细介绍多元统计分析的原理和优势，带领大家深入研究，探索如何将其更好地应用于地质科学研究中。

随后，於崇文带领团队深入陕西矿区。矿区位于略（阳）-勉（县）-阳（平关）三角地带石瓮子复式背斜的北缘，下古生界中基性绿色变质火山岩层广泛分布，走向近东西，其上还零星覆盖着泥盆-石炭系碳酸盐岩、炭质板岩和千枚岩等。这些岩层在一定程度上继承了基底近东西向复式背斜构造的特征，形成了较开阔的东北向褶皱，断裂构造则沿褶皱轴部及其两翼分布。面对复杂的地质条件，於崇文和团队成员并未退缩，反而激发了他们更强烈的探索欲望。於崇文带领团队成员在矿区的每个角落仔细观察地质细节，认真记录每一组数据。在野外勘测的日子里，他们面临恶劣的自然环境和艰苦的生活条件。有时需要在荒无人烟的山区连续工作数天，食物和水都十分匮乏。

野外勘测完成后，还要回到实验室进行化验分析。

当时，地球化学教研室仅有一台50年代苏联专家来华时留下的旧读谱仪，随时都可能"罢工"。为了获取更准确的数据，於崇文在每一次读谱前都要做大量细致的准备工作，对每道程序进行严格的科学规定，对每次测试结果都要进行认真检查。

"这台仪器虽然老旧，但它见证了我们的科研历程，我们一定要好好利用它，让它发挥出最大价值。"在於崇文的严格把控下，研究团队使用这台破旧的仪器得到了比较准确的数据。化验数据出来后，接下来便是对数据进行分析，这时就需要用到电子计算机了。然而，当时的科研条件极为落后，仅有少数几家单位配备了电子计算机，於崇文每次使用都需要提前预约。当时中国科学院电子所和中国科学院力学所、北京工业大学等几家单位配有计算机，但预约的人众多，常常需要等待很长时间。於崇文一有间隙，就打电话询问计算机的使用情况，一旦有空闲便立刻赶过去。有时候，为了能在有限的时间内完成计算任务，他顾不上吃饭和休息。

后来，於崇文得知天津、河北也有几家单位配有计算机，而且使用频率不高。于是，在北京的计算机被约满时，他就前往这两地使用计算机。每次前往外地，他都提前做好充分准备，带上所有相关的资料和数据。

当时的电子计算机还是个庞然大物，使用不便，还需要自己编程。於崇文的夫人蒋耀淞带领数学教研室的老师，负责编程工作，采用的是黑纸带穿孔的原始编程方法。每次获取一个分析数据都要耗费大量时间和精力。有时候，数据还没分析完，计算机就死机了。"我们不能被这些困难打倒，每一次失败都是一次成长的机会，只要我们不放弃，就一定能够成功。"於崇文总是这样鼓励大家。

1975 年 8 月，为推广电子计算技术在地球化学探矿工作中的应用，提高地球化学探矿找矿效果，冶金部地质司在保定举办了第二期电子计算机学习班。参加学习的有来自 17 个省（市）的学员 40 多人。此次学习班聘请於崇文及其团队共 8 人进行授课，并编写了讲义《多元统计分析》作为学习班教材。

在培训班上，於崇文倾尽全力，将自己的知识和经验毫无保留地传授给学员。他深知，这些学员将成为未来地质科研领域的重要力量，他希望通过自己的努力，为他们打开一扇通往地质数学世界的大门。"同学们，地质科学正面临前所未有的发展机遇，我相信，你们在未来的工作中，一定能够将所学的知识运用到实际中，为我国的地质事业作出贡献。"於崇文在培训班结业典礼上深情地说道。

培训班结课后，於崇文并未停下脚步，他继续将研究成果和经验在理论上加以拓宽和深化。此后的四年时间里，他夜以继日地工作。最终，於崇文团队完成了942页、145万字的专著。在撰写过程中，为了搜集国外的最新文献资料，於崇文在北京的各大图书馆奔波。从北海北京图书馆、甘家口地质图书馆、中关村中国科学院图书馆和数学所图书馆，到和平里中国科学院科技情报研究所，他骑着自行车巡回往返，几年里累计行程六七百公里。无论寒冬酷暑，他都风雨无阻。

当时的图书馆没有复印设备，为了获取重要的专著资料，於崇文连续数十次前往图书馆，先用相机拍照，再对照照片抄写。他抄写的文献资料装满了一大箱。

收集完资料后，於崇文开始着手写作。他先拟订好整本书的框架，再逐章书写。每写完一章，就由冶金部拿去找人抄写。由于书中涉及大量数学符号，手写容易出错，於崇文只好让抄写人员在抄写过程中先把公式空出来，最后再由他本人填写。

书稿完成时，"文化大革命"还未结束，著作并没有立即出版。后来几经周折，这本由於崇文团队编著的《数学地质的方法与应用——地质与化探工作中的多元分析》终于在1980年由冶金工业出版社出版。

这本书的出版，对我国地质科学从定性到定量、从确定性到概率性、从一元分析到多元分析、从观测描述到计算机模拟实验的发展起到了关键的推动作用。著作问世后，立即受到数学地质界和地球化学界的广泛重视和热烈欢迎，并被许多重要的数学地质论著和教材广泛引用。1985年，该书作为优秀图书在德国法兰克福举办的国际图书博览会上展出，有国外出版社提出愿将全书翻译成外文出版。

从1972年回到北京接触多元统计分析，到1980年出版专著，这八年时间里，於崇文从冶金部委托的研究项目入手，认真开展研究工作，顺利结题。在项目研究过程中，他积极举办培训班，推广理论和经验，培养了更多的专业人才。之后，他又将理论和经验进行系统整理撰写成专著，供更多地质工作者学习和参考。

回忆这一阶段的研究时，於崇文总是感慨地强调"这是一次非常完整的研究"，从课题研究到人才培养，再到专著出版，上下贯通，一气呵成，这也是於崇文做项目研究的特点。在这之后的几乎每一次重大科研项目，於崇文都深入研究，认真撰写研究报告，并将研究报告出版。正是这种做事认真、锲而不舍、不断探索创新的科研精神，让於崇文在地质科学领域取得了卓越的成就。

# 南岭大会战

20 世纪 80 年代初，中国刚从"文化大革命"的阴霾中走出，各领域都在重回科学发展的正轨。对于於崇文来说，他刚刚完成数学与地质学相结合的尝试，一个新的学术领域——区域地球化学，正等待着他去开拓。

当时，中国地质科学研究虽有一定基础，但"文化大革命"期间，许多研究中断，仪器设备陈旧，人才断层严重。而国家建设对矿产资源的需求迫切，地质科学研究的重要性愈发凸显。1981 年，受国家科委委托，地矿部组织开展"南岭项目"，这是一项探索南岭地区丰富矿产资源奥秘的国家重点科研项目。南岭地区横跨扬子、华夏两个板块，处于中生代欧亚大陆板块构造岩浆活动带的华南陆块中部，区域成矿地质条件得天独厚，是世界成矿作用极为强烈的地区，堪称"成矿研究的宝库"。

武汉地质学院推荐於崇文为"南岭项目"协调领导小组成员，并任命他为其中的二级专题"南岭地区区域地球化学研究"的总负责人。

领命后，於崇文全身心投入专题方案设计。那几个月，他常常废寝忘食，办公室灯光总是亮到深夜。通过查阅大量国内外地质资料，结合南岭地质特点，反复思考研究，最终顺利完成《南岭区域地球化学专题研究设计书》。在设计书中，他清晰阐述了区域地球化学研究的背景、意义、主要内容及预期成果，并提出研究的三大目标：一是全面研究区域地球化学特征；二是探索并总结一套区域地球化学理论与研究方法；三是进行地球化学分区和成矿预测。他认为，在基础地质研究程度较高的南岭地区开展此项研究，既能有效评价异常、研究区域成矿规律和进行矿产预测，又能为我国区域地球化学理论和研究方法的发展奠定基础。

1982 年，南岭科研项目协调领导小组组织专家评审，"南岭区域地球化学研究"专题获得高度评价，专家认为其"以成矿作用与时空结合为基本指导思想，目标明确，若达成预期目标，将对基础地质学发展产生深远影响，兼具理论与实际意义"。

为确保专题研究顺利开展，於崇文着手组建研究团队。在武汉地质学院的支持下，他组建起一支 100 多人的庞大队伍。队伍中有经验丰富的教师，如张本仁、朱有光、阮天健等；有充满活力与潜力的研究生，如岑况、唐元骏、鲍征宇等；还有积极参与的本科生和行政人员。武汉地质学院地球化学系的师生，全力以赴投入这场科研会战。於崇文将全体人员划分为区域、地层、岩体、矿床、表生和实验等专题研究组，明确各小组分工与职责。工作中，他注重发挥每个人的优势，充分调动大家的积极性。

当时科研条件艰苦、仪器设备落后、物资匮乏，武汉地质学院副校长周守成专门调配四辆吉普车给於崇文团队，并从有关单位调剂到汽油票，为野外工作创造条件。於崇文对此心怀感激。

这次野外地质工作是深入探索南岭地区地质奥秘的关键一步，临行前，於崇文专门召开了一次出队安排会议。会上，他说道："这次南岭之行，困难重重，但也是我们难得的机遇。我们一定要严谨细致，确保每一个数据都准确可靠，为我国区域地球化学研究打开新局面。"随后，他详细地向大家交代野外工作的要点和注意事项，从采样的技巧到数据记录的规范，每一个细节都反复叮嘱。

1982 年 8 月 1 日，队员们从武汉整装待发，踏上前往广东乐昌的征程。一辆小汽车在前面开道，紧随其后的是两辆大卡车，满满当当装载着朝气蓬勃的师生们，鲜艳的红旗在风中猛烈作响，引擎的轰鸣声仿佛是出征的号角，引领着这支队伍浩浩荡荡地朝着野外进发。

到达目的地后，稍作整顿，於崇文便召集大家开会讨论采样方案。他展开地质图，详细地向大家讲解："我们要根据不同地层的特点，合理布局采样点。每一个点都可能蕴含着解开南岭地质之谜的关键信息，大家一定要重视。"於崇文从地层的年代、岩石的类型、地质构造的特征等方面，深入分析如何确定最佳采样点，确保采集的数据具有代表性和全面性。下午，他又耐心地讲解采样卡片的填法，每一个栏目、每一项数据的填写要求都示范得清清楚楚。晚上，再次向全体学生和教师强调这些要点，於崇文深知这些看似琐碎的工作，实则是科研的基础，只有基础打牢了，研究才能站得住脚。

8月11日，区域采样练兵正式开始，於崇文密切关注着各个小组的进展。第三组在安口农场西岗寨东开展工作，他们在野外遭遇了诸多困难，如被困山谷、迷路、身体不适，在如此艰难的情况下，第三组依然坚持完成部分采样任务，这种坚韧不拔的精神让於崇文深感敬佩。於崇文在会上对他们的努力和坚持给予了充分肯定，同时也提醒全体队员："野外工作充满未知和挑战，我们一定要时刻保持警惕，注意安全。在保证安全的前提下，合理安排工作，遇到困难不要慌张，团队协作是我们战胜困难的法宝。"

第五组工作量大，於崇文了解情况后，积极协调资源，为他们提供更多的帮助和支持。於崇文与当地老乡沟通，了解周边的地形和可能存在的危险，为第五组的工作提供更准确的信息。同时，叮嘱他们在工作中要相互照顾，注意安全，尤其是在花岗岩风化蚀变、野猪出没的地区，更要提高警惕。

南岭地区山脉耸立、地况复杂，开展地质勘探采样工作困难重重，但於崇文和他的团队没有被困难吓倒。岑况是恢复高考后，於崇文带的第一批硕士研究生，1982年毕业后留校任教，成为参与"南岭区域地球化学研究"专题的骨干人员。据他回忆："粤北山高林密，条件非常艰苦，工作量非常大。在於老师的领导下，我们克服各种困难完成了项目的全部野外采样工作。后来很多人评价说南岭项目工作量之大、条件之艰苦，在区域基岩地球化学项目中史无前例。"在野外，团队成员常常要徒步穿越茂密丛林，攀爬陡峭山峰，寻找合适的采样点。有时为采集一个样品，甚至花费一整天时间。遇到恶劣天气，他们只能在简陋的帐篷里躲避，等天气稍好再继续工作。

野外工作中，於崇文总是以身作则，不顾自己年事已高，带领学生们跋山涉水、实地勘探。他的行动激励着每一个团队成员，让大家在艰苦的环境中始终保持着高昂斗志。记得那是一个酷热难耐的夏日，太阳高悬，仿佛要将大地烤焦。於崇文带领一支小分队深入粤北山区，进行地层地球化学剖面的测制与采样工作。山路崎岖难行，脚下的泥土被晒得干裂，每走一步都扬起一阵尘土。队员们背着沉重的采样设备和行囊，在茂密的丛林中艰难前行。汗水湿透了他们的衣衫，顺着脸颊不停地流淌，滴落在干燥的土地上，瞬间消失不见。

突然，前方传来一声惊呼，原来是一位年轻的本科生不小心被藤蔓绊倒，整个人向前扑去，手中的采样工具也飞了出去。於崇文赶忙上前，扶起摔倒的学生，关切地问道："怎么样，有没有受伤？"学生揉着膝盖，有些沮丧地说："老师，没事，就是工具摔坏了。"於崇文拍了拍他的肩膀，安慰道："没关系，我们先看看能不能修好，实在不行，后面还有备用的。在野外工作，磕磕绊绊是常有的事，别放在心上。"说着，於崇文便蹲下身子，仔细检查起损坏的工具。

队伍继续前进，可没走多远，又遇到了新的难题。一条湍急的山溪横在了他们面前，溪水浑浊，水流急促，看不出深浅。大家站在溪边，有些不知所措。於崇文观察了一会儿水流，对大家说："我们先找些石头和树枝，看看能不能搭个简易的桥。"于是，队员们纷纷行动起来，四处寻找合适的材料。在於崇文的指挥下，大家齐心协力，将石头和树枝搭成了一座简陋的桥。於崇文率先走上桥，小心翼翼地试探着，确定安全后，才让队员们依次通过。

然而，困难接踵而至。正当他们顺利通过山溪，准备继续前行时，天空突然乌云密布，豆大的雨点倾盆而下。山里雾气弥漫，视线极为模糊。於崇文大声喊道："大家赶紧找个地方避雨，注意安全！"雨越下越大，夹杂着狂风，吹得树枝呼呼作响。於崇文看着这恶劣的天气，心中有些焦急，但他知道，在这种情况下，必须保持冷静，不能让队员们慌乱。他安慰大家说："这场雨来得快去得也快，我们先在这里避一避，等雨小一些再走。大家检查一下自己的物品，看看有没有被雨淋湿。"

就这样，他们在雨中等待了一个多小时，待雨势渐渐减弱，於崇文才带领队员们继续前进，又经过几个小时的艰苦跋涉，终于到达预定采样点。此时，大家都已疲惫不堪，但於崇文顾不上休息，立刻组织大家开始采样。

在野外采样工作紧张进行的同时，室内实验分析工作也在有条不紊地开展。当时，仪器设备极其落后，几十万个数据全靠肉眼一个个识别判读。於崇文对工作质量要求极高，要求项目人员贯彻高标准、严要求、脚踏实地、从基础做起的实干精神和实事求是的科学精神。

为保证工作质量和提高工作效率，於崇文根据工作需要，制订了详细的工作流程和规范。例如，为进行地层地球化学研究，他制订了地层地球化学剖面的测制与采样要求；为进行地球化学场的研究，制作了基岩地球化学野外观察点记录卡片。他经常到实验室检查工作，对实验数据进行严格审核。

在团队协作方面，各专题研究组密切配合，相互交流。区域研究组提供区域地质背景资料，地层研究组提供地层地球化学依据，岩体研究组则对岩浆作用与成矿关系进行深入探讨。大家在於崇文的协调下，形成了一个有机的整体，共同为实现研究目标而努力。在研究过程中，於崇文还注重与其他单位的合作交流。他积极组织团队成员参加各种学术会议，与国内同行分享研究成果，听取他们的意见和建议。他还邀请国内外专家到团队进行指导，拓宽团队成员的学术视野，提升研究水平。

经过多年不懈努力，於崇文带队的"南岭地区区域地球化学研究"专题取得了丰硕成果。该研究专题工作区域约 32 万平方公里，分为粤北、赣南和桂北三个地球化学分区。通过对这三个分区的各系及各组（群、段）的地层地球化学剖面研究，以及粤北的系统区域地球化学研究，项目取得了一系列重要突破，为南岭地区东、中、西三个地球化学分区积累了系统可靠的基础地球化学资料。

按照最初专项研究的设计方案，项目团队最终形成了100万字的专题研究总报告《南岭地区区域地球化学研究》。评审会上，於崇文代表团队进行成果汇报，得到评审组一致好评。评审组认为："这样系统全面地运用系统科学理论和方法来研究区域地球化学，在我国是一项具有首创性和开拓性的科学研究工作，对我国区域地球化学的发展必将产生深远影响。在一些新理论的应用范围和研究深度，以及所取得的研究成果方面已超过国内外同类研究水平，并有新的发展和提高，达到国际先进水平。不仅为生产部门提供了数十个成矿预测远景区，而且在科学技术发展上还总结出一套理论和方法，处于国际前沿，为今后发展我国区域地球化学做出了开创性贡献。"

1988年，"南岭地区区域地球化学研究"专题项目获得地质矿产部科研成果奖一等奖，而南岭总项目获得了1988年国家科学技术进步奖二等奖，作为二级专题负责人和主要完成者之一，於崇文荣获国家科学技术进步奖二等奖。

结束南岭项目后，於崇文根据其所建立的理论体系，又先后对云南个旧锡－多金属成矿区进行了深入的内生成矿作用动力学体系研究，对热液成矿作用动力学和岩浆期后成矿作用动力学进行了专题研究。经过多年研究总结，於崇文将其研究成果形成《云南个旧锡－多金属成矿区内生成矿作用的动力学体系》（1988 年）、《热液成矿作用动力学》（1993 年）、《成矿作用动力学》（1998 年）三本专著和数十篇学术论文，为"成矿作用动力学"的新学术方向奠定了基础，丰富和发展了他所提出的地球化学理论体系和方法论。

从 20 世纪 80 年代初开始，於崇文对南岭地区区域地球化学进行了长达 30 年的关注与研究，不仅在"南岭地区区域地球化学研究"项目中取得了辉煌成就，还对南岭地区进行了第二轮和第三轮研究。第二轮研究用复杂性理论对南岭地区的区域成矿规律进行探索，完成了研究报告《复杂成矿系统中的时－空同步化与南岭地区的区域成矿分带性》，是对南岭地区区域地球化学研究的开拓和深化。2007 年开始的第三轮研究，运用地球动力学对深部矿产资源进行探索，以中国东部的重大地球动力学事件为背景，应用成矿系统复杂性理论，通过南岭地区的区域成矿分带性，对深部成矿源区进行探索性研究。

南岭项目不仅产出了一批重要的科技成果，还锻炼了一批地球化学专业人才。许多跟随於崇文参加过此次项目的师生都将其称为"南岭大会战"。当时参加项目的学生，后来很多成长为地质学领域的教授、高工，"南岭大会战"的经历将他们领进了地质工作的大门。

这次以大规模会战方式开展的科研攻关项目，对于地球化学系来说，无疑是一次很好的大练兵。於崇文说："当年大家为完成国家下达的科研任务意气风发、满腔热情、齐心协力、克服种种困难，那情景至今令人精神振奋，犹如身临其境，久久难以忘怀。"后来，於崇文还对这次大会战的经验进行了总结："相当人数的教师、研究生和本科大学生相结合形成一个专业性的教学－科研－生产集团，在学校和院系领导的支持下，可以集中优势力量深入、细致地开展规模较大、难度较高的复杂系统的研究工作。"

南岭大会战，这场在特殊时代背景下开展的科研活动，见证了中国地质科研工作者在艰难环境中不屈不挠、勇于探索的精神，也为中国地质科学的发展培养了人才、积累了宝贵的经验。

# 研究要与国际接轨才能做深

1978 年全国科学大会召开，中国迎来了"科学的春天"。邓小平高瞻远瞩，明确提出"科学技术是生产力""知识分子是工人阶级的一部分"，并号召"尊重知识，尊重人才"。这一系列理念的提出，如春风化雨，滋润着无数科研工作者的心田，也为投身科研的人们带来了前所未有的机遇。

从战火纷飞年代一路走来的於崇文，在地质科学的道路上已默默耕耘许久。1978 年 6 月，历经 25 年，於崇文终于从讲师晋升为副教授，这一学术地位的提升，是对他多年来坚守学术的肯定。於崇文并没有满足于此，他的目光，早已望向了更广阔的国际学术舞台。

随着改革开放的春风吹遍神州大地，国门缓缓打开，中国科技界也看到了与国外科技发展的差距。多年的封闭，使国内科技工作者迫不及待地想要了解国际最新科技成果，追赶世界科技发展的脚步。对外科技交流迅速扩大，每年都有成千上万的人出国考察，进行学术交流。

於崇文从教 30 年，虽然时刻关注国外研究动向，但从未踏出过国门。他也渴望走出去，去看看国外地球化学学科的发展水平与动向，与国际学者进行学术交流。

1980 年 4 月，机会终于来了。中国第一次派出勘查地球化学代表团赴联邦德国汉诺威参加第八届国际地球化学勘查学术讨论会。於崇文有幸成为代表团的一员，同行的还有谢学锦、孙焕振、李善芳、郑淑慧。

会议期间，於崇文宣读了学术报告《江西德兴斑岩铜矿床成矿成晕机理及其地球化学勘查的初步研究》。为了这场报告，他在出发前日夜钻研，反复修改。报告得到了与会代表的肯定，国际勘查地球化学家协会主席、美国宾夕法尼亚州立大学教授罗斯博士给予了较高评价，他认为："论文提供了丰富有价值的资料和有关岩石－地球化学勘查方面的新思想，并且反映了中国科学技术的先进状态。"

讨论会期间，於崇文积极与各国代表交流，认真倾听对方的研究成果，热情分享自己的见解。会后，於崇文等人对德国三所大学的地球化学研究所和马克斯·普朗克研究所的化学所进行了考察访问。在考察过程中，於崇文仿佛回到学生时代，一路上充满了好奇。他详细考察了分析测试实验室、高温高压实验室，特别是稳定同位素实验室。每到一处，他都会向实验室的工作人员询问设备的使用方法、实验室的研究方向等问题，并了解各研究所的组织机构、科研工作计划与成果，以及教育体制、课程设置与专业人才培养的情况。这些考察，让於崇文大开眼界，也让他看到了我们的差距，更加坚定了他推动中国化探与国际接轨的决心。

此后，中国与国际勘查地球化学研讨会的联系日益紧密，几乎每届会议都派中国代表参加，国外专家也频频来我国访问。短短几年，中国化探与国际前沿逐步接轨，国内学者陆续加入国际化探协会，国内许多单位与国外机构、公司也逐步建立了交流与合作关系。

1980 年 5 月，中国地质学会勘查地球化学专业委员会（简称地球化学专委会）正式成立，并举办了第一届学术研讨会。於崇文当选专委会委员。在此次研讨会上，谢学锦和於崇文分别介绍了中国化探工作者参加第八届国际地球化学勘查学术讨论会的详细情况。於崇文介绍了会议的整体规模、议程安排和学术报告内容，分享了自己在会议上了解到的国际前沿研究成果，还生动地描绘了与国外同行交流的热烈场景。

此后，国内的地球化学勘察学术交流活动如雨后春笋般蓬勃发展起来，每两三年就会举办一次综合性的学术讨论会，邀请全国各地的专家学者共同探讨地球化学勘察领域的最新研究成果、面临的挑战以及未来发展方向。同时，地球化学专委会还根据不同时期的研究热点和实际需求，组织各种各样的专题性学术讨论会、交流会、培训班等。这些丰富多样的学术活动，为国内化探工作者提供了交流思想、分享经验、提升能力的平台，有效促进了国内化探领域的学术交流和技术水平的快速提高。

於崇文经常鼓励学生们多参加学术交流活动，尤其是国际会议。在他的鼓励下，每逢国内有重要的学术会议举办，地球化学专业的学生都有一半以上参会。於崇文会在学生们参会前，指导他们如何在会议上进行交流、如何展示自己的研究成果，还关注学生们在会议上的收获，一起讨论在会议上听到的新观点、新方法。

1988 年 6 月，於崇文再次走出国门，参加在美国加利福尼亚大学圣塔芭芭拉分校召开的"地球化学自组织"国际学术讨论会。其间，还对圣塔芭芭拉进行地质考察，并到加利福尼亚州考察地震断层。他深知，对这些地震断层的研究对全球地震研究有着重要意义，通过将不同国家的研究成果和方法相互融合，能够更全面地了解地球奥秘。回国后，他经常邀请美国地球化学家 P. J. Ortoleva 等国际学者来校做学术报告，开阔学生们的视野。

经过积极争取，1993 年，第十六届国际地球化学勘查学术讨论会在北京召开。这是第一次在亚洲召开的国际化探大会。於崇文为这次大会的举办付出了许多努力，从前期筹备到邀请国外专家，他都积极参与。大会的顺利召开，显著提高了国际上对中国地球化学研究的关注度，让世界看到了中国在该领域的实力与进步。

同时，国际交流对国内地球化学教材的改革起到了至关重要的推动作用。在过去的一段时间里，由于各种原因，中国与国际科技界的交流相对较少，导致很多教材内容过时，难以满足教学与科研的实际需求。1980年9月，地质部成立高等地质院校教材编审委员会，於崇文担任地球化学学科教材编审委员会主任。委员会成立后，他充分发挥专业引领作用，积极带领团队制订地球化学专业基础课和专业课的教学大纲。教学大纲紧密结合学科发展的前沿动态，明确课程的教学目标、教学内容和教学要求，为教材编写提供了清晰的框架和指导原则。委员会专家还制订了1981—1985年教材编审规划，对教材的编写、审核、出版等环节进行全面、系统的规划，确保教材建设工作有条不紊地推进。

在教材编审过程中，於崇文充分借鉴国际先进的教学理念和教材内容。他广泛查阅各国最新的地球化学教材和相关学术文献，深入研究国外先进的教学方法和课程体系，将其中的精华部分引入国内教材。同时，他结合实际情况，根据中国地球化学领域的研究现状和教学需求，对引进的内容进行合理筛选、调整和补充，使其更符合中国学生的学习特点和认知规律，从而更好地实现了国际化与本土化的有机结合。

除此之外，於崇文还积极组织教材建设和教学经验的交流。通过举办各类教材建设研讨会、教学经验交流会，搭建了一个广泛的交流平台，让不同院校的教师能够分享彼此在教材编写和教学过程中的心得与体会，共同探讨解决教材建设中遇到的问题和困难。他鼓励教师参与到教材的编写和修订工作中来，通过实际的编写工作，让教师们深入了解学科前沿知识，掌握先进的教学理念和方法，提高自身的教学水平和科研能力。

在於崇文等人的领导下，这一时期有计划、有组织地出版了一系列地球化学与勘查地球化学专业教材，如张本仁和赵伦山编著的《地球化学》、阮天健和朱有光编著的《地球化学找矿》、武汉地质学院编写的《地球化学样品分析》等。这些教材的内容与"文化大革命"前的教材相比有非常大的区别与进步，在勘查地球化学的定义上，有了我国自己的、有别于发达国家的认识与定义，体现了中国学者在该领域的深入思考和创新探索。在教材体系上，不同院校编写的教材各具特色，充分发挥了各院校的学科优势和专业特色，其内容除了参考国内外已发表的文献资料，还融入了大量各自的科研成果，这些科研成果不仅丰富了教材内容，也使教材更具代表性和实用性。教材的种类也更加丰富，既有本科生必修课与选修课所用教材，也有研究生用的教材和教师用的教学参考书，这些教材为中国地球化学的科研和教学提供了坚实的基础。

无论是在科学研究还是在教学过程中，於崇文一直强调，学术研究要与国际接轨才能做深入。於崇文具有良好的英文、俄文和德文基础，特别是英文和俄文水平，使他能够熟练阅读并翻译专业学术文献，这为他获取国际学术研究动态奠定了基础。

20世纪50年代，在国内学习俄语的热潮中，於崇文在学习俄语的过程中，时刻保持着对学术前沿的敏锐洞察力，特别留意国外学者在地球化学领域的最新研究成果。在那个信息交流并不便捷的年代，他不辞辛劳，四处搜集俄文专业文献，夜以继日地进行翻译工作。这些被他翻译出来的大量俄文专业文献，为他在国内较早开展地球化学课程教学与研究提供了极大的助力，使得国内的地球化学研究能够紧跟国际前沿。

改革开放前夕，於崇文以其敏锐的学术眼光，注意到应用数学中多元分析研究的蓬勃兴起，以及计算机在各个领域逐渐广泛的应用趋势。率先行动起来，在我国系统全面地引进了数学地质研究的理论与方法，使多元统计分析在地球化学界迅速得到广泛应用，为地球化学研究提供了全新的视角和有力的工具，让国内的地球化学研究朝着更加科学化、精准化的方向大步迈进。

1969年，比利时物理学家普里戈金在对"非平衡不可逆过程的热力学"理论进行了长期深入的研究后，首次创造性地提出"耗散结构理论"。这一理论犹如一颗投入平静湖面的石子，在科学界激起层层涟漪。然而，当时国内大部分学者还未意识到这一理论对地质科学研究的巨大价值。直到70年代末，於崇文在国内率先将耗散结构理论引入地质科学领域，并提出了"成矿作用与时–空结构"等一整套系统且全面的区域地球化学的理论与方法。这一创新性的成果，为地质科学研究开辟了一条崭新的道路。

80年代末90年代初，复杂性科学的研究在国内外悄然兴起，於崇文再一次展现出他作为学术先锋的敏锐洞察力，第一时间将复杂性理论引进地质学，提出了地质系统的复杂性和成矿系统的复杂性等理论。这些理论的提出，打破了传统地质学研究的固有思维模式，为地球科学开拓了一个全新的研究方向，使地球科学研究在探索未知的道路上又迈出了重要一步。

　　於崇文的学术成就斐然，他探索并开拓了五个研究领域，而这五个研究领域多数都是紧跟国际前沿的脚步，在国内率先开展相关研究工作。可以说，他的成功，源于他对科研的初心与热情，更源于他始终积极关注国际学术前沿动态。在他看来，研究只有与国际接轨，才能做深入，才能不断推动学科发展。

# 地质科学到底是不是科学？

在浩瀚的科学星空中，每一门学科都犹如一颗独特的星辰，闪烁着神秘的光芒，诉说着探索与发现的故事。地质科学这门研究地球物质组成、内部结构、表面特征及其演化规律的学科，在漫长的发展历程中，一直被一个问题所萦绕——地质科学到底是不是科学？这个问题如同一片迷雾，笼罩在地质学界，也成为於崇文一生想要给出答案的谜题。

那是於崇文在西南联大刚刚入读地质学专业时，偶然听到一位地质学前辈说："地质科学是不科学的科学"，在於崇文的认知里，既然被称为"科学"，又怎么会"不科学"？也正是这句话，使於崇文立志要使地质科学成为一门严密的科学、精确的科学，能像数学、物理、化学等学科一样，可以用精确的数据来描述它。大学期间，於崇文就开始有意识地加强对基础学科的学习。除了完成学校规定的必修课程，他还积极选修了数学、物理、化学等基础课。在后来多年的研究中，於崇文实际上只做了一项工作，即把数学、物理、化学等基础自然科学同地质科学结合起来，以寻求探索地质现象的本质和地球系统的基本问题。

时光流转，於崇文在地质科学的研究道路上不断前行。1995 年，他凭借在地球化学领域的卓越成就，当选中国科学院院士。这一荣誉在他人眼中或许是学术生涯的巅峰，但於崇文没有停下脚步，他始终没有忘记那个困扰自己多年的问题——地质科学到底是不是科学？

当选院士时，於崇文已逾70岁，尽管身体不再健壮，但他探索科学的心依旧年轻，学术思想也越发活跃。站在更高的学术山峰上，他望向远方，决心为证明"地质科学是科学的"而不懈努力。1995年后，他将研究工作的重点从"成矿作用的非线性动力学"向"成矿系统的复杂性"拓宽和深化，同步开展地质系统与成矿系统的复杂性研究。

回溯20世纪80年代，国际上刚刚兴起复杂性科学研究，这一新兴的科学领域吸引了众多科学家的关注。於崇文，这位对学术动态与前沿极为敏感的学者，也开始关注复杂性科学。1991年初，时任中国科学院院长周光召领导召开了首次中国复杂性科学研讨会。这次会议是国内复杂性科学研究的一次盛会，彭恒武、叶笃正、曾庆存、何祚庥、张弥曼、孙小礼、金吾伦等学者齐聚一堂，就复杂性科学和科学的综合性发展趋势等进行深入的交流、对话和研讨。

於崇文也参加了此次研讨会，并作了关于成矿规律的学术报告。会上，他听到了来自不同学科的声音，了解到国际对于复杂性科学的研究大多集中在数学理论及其在物理、化学、生物、生命、人脑和社会系统等方面的应用，而在地质系统的应用研究相对较少，主要涉及地震现象、地壳断裂构造、地幔对流和大气环流动力学等少数领域，工作相对零散。这让於崇文陷入了深深的思考，他意识到，地质系统总体上也是一种远离平衡、时空延展的复杂耗散系统，如果对地质系统复杂性展开研究，或许能够对古老而常新的地质科学进行再认识，将重大基础地质问题的研究提高到非线性科学和复杂性理论的层面，实现地质科学向精确科学的跨越，取得突破性进展，并带动相关学科同步发展。

在学术界，地质科学的研究方法与理论体系一直备受争议。传统地质研究侧重定性描述和经验判断，缺少精确的计算和严密的理论推导，这也正是"地质科学是不科学的科学"观点的源头。

地质科学的研究对象——地球，是一个极为复杂的系统。其拥有46亿年的悠久历史，时间跨度超乎想象；空间尺度同样巨大，从地球核心到表面，从陆地到海洋，从高山到峡谷，各个角落都隐藏着无数奥秘；并且地质过程是多种因子相互作用的复杂进程，各种因素彼此交织、相互影响，致使地质现象的预测与解释极为困难。

　　而科学的显著特征之一就是具备高度的可重复性与精确预测性。以物理学来说，只要给定相同的初始条件，物体运动皆遵循相同物理定律，实验结果能够反复验证，对物体未来运动状态的预测精度极高。但地质科学截然不同。地质现象的形成历经漫长时间，短则数千年，长则数十亿年，人类根本无法在实验室完整重现这些过程。地质现象的预测也存在极大的不确定性，地震预测就是典型。尽管科学家不懈研究，目前仍无法精准预测地震发生的具体时间、地点与震级，只能给出大致范围和可能性，与科学要求的精确预测相差甚远。

　　再者，科学研究通常依赖精确实验和量化数据。化学实验中，科学家能够精确控制反应条件，通过精密仪器测量物质的各种参数，数据的准确性和可靠性极高。对于地球内部结构和成分，科学家只能借助地震波、地球物理探测等间接手段进行推测，获取的数据不仅存在误差，还难以像其他学科那样开展精确量化分析。在野外地质考察时，对岩石的分类和描述很大程度上取决于地质学家的主观判断，不同地质学家因观察角度和经验差异，可能对同一块岩石的描述与分类产生分歧，这显然不符合科学对客观性和精确性的严格要求。

　　於崇文认为，要实现地质科学由"模糊科学"向

"精确科学"的转变，就必须将基础自然科学与地质科学紧密结合起来。1995 年，他开始对地质系统的复杂性进行研究。在当时，这还是一个全新的领域，没有太多的经验可以借鉴，每一步都需要自己去摸索、去尝试。而且，要将数学、物理、化学等基础学科的知识运用到地质科学中，需要跨越不同学科之间的壁垒，难度很大。

但於崇文没有退缩，他凭借坚定的信念和顽强的毅力，在这片未知的领域艰难前行。他一头扎进了文献的海洋，查阅了国内外关于复杂性科学、地球科学的大量资料，不断汲取知识，寻找灵感。他常常为了找到一篇关键的论文，在图书馆一待就是一整天。在实验室里，他反复进行各种实验，试图从实验数据中找到地质系统复杂性的规律。他带领团队设计了一系列模拟地质过程的实验，例如模拟岩石在高温高压下的变形实验，通过精确控制实验条件，记录岩石的变形特征和物理参数的变化，分析这些数据与地质现象的关联。在野外，他带领研究团队翻山越岭，深入地质条件复杂的地区进行实地考察。无论是烈日炎炎的夏日，还是寒风刺骨的冬天，都能看到他们忙碌的身影。

在此过程中，於崇文还遇到了质疑甚至是反对。有人认为，地质科学有着自己独特的研究方法和理论体系，不需要过多地依赖其他学科的知识。还有人认为，地质系统的复杂性是无法用精确的数学和物理模型来描述的。面对这些不同声音，於崇文没有动摇，反而积极与质疑者交流，耐心解释自己的研究思路和方法，用实际的研究成果来回应他们的质疑。

继 1991 年国内首次复杂性科学研讨会后，1994 年北京香山科学会议组织讨论了"开放复杂系统的理论与方法"问题，1997 年 1 月和 3 月又分别讨论了"开放复杂巨系统"和"地学中的非线性和复杂性"问题，1999年着重讨论"社会科学中的复杂性"问题。於崇文积极参加这些会议，交流研究成果，分享研究心得。在与同行们的交流中，他不断完善自己的研究思路和方法，也让更多的人了解地质系统复杂性研究的重要性。在一次会议上，他与一位从事物理学研究的专家就非线性理论在地质科学中的应用展开深入讨论，这让他获得启发，进一步改进了自己在地质系统建模中的方法。

经过多年的不懈努力，2003 年於崇文 80 岁生日之际，一部凝聚着他无数心血的著作——《地质系统的复杂性》终于问世。这部长达 180 万字的著作，是他对"地质科学是不是科学的"这一疑问的初步回答。在书中，他运用复杂性科学的理论和方法对地质系统进行了全面而深入的研究，从地质系统的非线性特征、自组织现象、分形结构等方面，揭示地质系统的复杂性本质，为地质科学的精确化研究奠定了坚实基础。例如，在阐述地质系统的自组织现象时，他通过详细分析大量的地质实例，如火山喷发过程中岩浆的运动和物质的分异，解释了地质系统如何在没有外界特定指令的情况下，自发地形成有序结构。

复杂性研究是具有前瞻性和探索创新性的基础研究，被世界科学界认为是"21世纪的科学"。在《地质系统的复杂性》问世以前，用复杂性对地质系统进行整体研究在国内近乎空白，国际上也极少。"固体地球系统的复杂性和自组织临界性"在国内外尚未被作为完整和独立的命题提出，也未见相应的学术专著出现。於崇文的这部著作，填补了这一领域的空白，走在了地质科学复杂性研究的前沿。他曾断言，地质系统的复杂性研究将是21世纪地学发展中居于战略地位的生长点之一，是传统地质科学的创新和发展。

於崇文并没有满足于此，而是在复杂性研究领域继续探索创新。《地质系统的复杂性》出版三年后，他又完成了"矿床在混沌边缘分形生长"的成矿系统复杂性理论研究，并且出版了同名专著。在这部著作中，他深入研究了成矿系统的复杂性，从混沌理论和分形几何的角度，揭示了矿床的形成和演化规律，为矿产资源的勘探和开发提供了新的理论依据。他通过建立分形模型，对矿床的空间分布和矿体的形态进行定量描述，大大提高了矿产勘探的准确性和效率。

於崇文认为，自然科学的研究程度一般可分为四个层次：第一层次是将观察所得的经验事实进行总结；第二层次是将基本现象进行归纳和演绎，并形成唯象理论；第三层次是上升到具有普适性和包容性的基础理论和方法；第四层次是抽象为数学的形式体系和哲学思维。

20 世纪 80 年代，於崇文认为当时自己的研究只停留在第二个层次，那是一个注重经验的层次。30 年后，他认为自己处在第三个层次并努力追求第四个层次。他说，要将地质科学抽象为数学的形式体系很不容易，但只有实现这一点，"地质科学是不科学的科学"的说法才会彻底消失。

对于"地质科学是不科学的科学"的说法，於崇文认为对其说"不"非常必要，同时也任重道远。从接触地质学专业以来的半个多世纪里，他一直致力于将基础自然科学和非线性科学及复杂性理论与地质科学相结合，促进地质科学向精确科学发展。他的一生，可以说是为实现基础自然科学与地质科学相结合而奋斗的一生。

他知道，"地质科学是不科学的科学"的观点不会一下子完全消失，地质科学的定量化研究更不是一蹴而就，需要几代人的努力。道远且艰，但他仍然身体力行。

在於崇文的影响下，越来越多的地质学家开始关注地质系统的复杂性研究，加入推动地质科学向精确科学发展的行列中来。他的研究成果，不仅为地质科学的发展提供了新的理论和方法，也为培养新一代地质学家奠定了基础。他的学生们，继承了他的学术思想和研究精神，在地质科学的各个领域继续探索前行。

如今，地质科学正朝着精确科学的方向不断迈进。随着科学技术的不断进步，越来越多的先进技术和设备被应用到地质科学研究中。高精度的地质勘探仪器，能够更准确地获取地质数据；强大的计算机模拟技术，能够对复杂的地质过程进行模拟和预测；多学科的交叉融合，为地质科学的发展注入新的活力。这一切的进步，都离不开像於崇文这样的科学家们的不懈努力和执着追求。

关于"地质科学到底是不是科学的"，於崇文给出了一个坚定而有力的答案：地质科学是科学的，是一门充满挑战和机遇的科学。地质科学将继续在探索地球奥秘的道路上前行，不断揭示地球的神秘面纱，为人类的发展和进步作出更大的贡献。於崇文的事迹，也将激励着一代又一代的科学家，在追求科学真理的道路上勇往直前、永不放弃。

# 反思"钱学森之问"

於崇文是一个纯粹的人，一生潜心科研和教学。他还是一个认真负责的人，心系国家的教育事业和科技事业。尽管日常研究工作已经让他忙得不可开交，但是他仍然愿意抽出精力关注社会热点，积极参与相关问题的调查研究，并提出自己的思考与见解。

被评为院士后，於崇文常常被邀请参与科技类咨询工作。这些工作无疑极大地增加了他的工作量，但他很少推辞。每次接到邀请，他都会深入研究相关资料，竭尽全力提供建议。

1998 年 7 月 1 日，国务院开始在中国科学院、中国工程院实行"资深院士"制度，对年满 80 周岁的院士授予"资深院士"称号。2004 年，於崇文获得了这一称号。成为资深院士后，他并没有选择安享晚年，而是以更加饱满的热情，积极参与社会事务。他积极参与资深院士联谊会，与其他院士共同探讨国家发展中的重大问题，先后对许多重大问题进行调研，为国家科教事业的发展建言献策。

2005 年，一道关于中国教育事业发展的艰深命题被著名科学家钱学森提出：为什么我们的学校总是培养不出杰出人才？这一问题也被称为"钱学森之问"。钱学森说："现在中国没有完全发展起来，一个重要原因是没有一所大学能够按照培养科学技术发明创新人才的模式去办学，没有自己独特的创新的东西，老是冒不出杰出人才。这是个很大的问题。"从其表述来看，"钱学森之问"的本质是"中国教育体制之问"。

中国教育体制问题由来已久，"钱学森之问"的提出，也促使教育改革成为於崇文等一批资深院士关注的重点。

为了解答这个问题，於崇文深入学校、科研机构，与教育专家、一线教师、学生促膝长谈。在一次座谈会上，一位年轻教师无奈地说："现在的学生为了考试而学习，缺乏自主探索的精神。"这句话让於崇文陷入沉思。

他和一批资深院士经过无数次的讨论、修改，形成多篇具有重要价值的报告，如《为培养创新型人才，进一步深化我国高等教育改革的几点建议》《关于当前我国实施自主创新战略的几点建议》等。这些报告为中央决策提供了重要的参考依据。

教育是培养创新型人才的根本途径。当前，我国教育体系存在一些问题，制约着创新人才的培养。在教育体制方面，我国的应试教育模式过于注重学生的考试成绩，忽视了对创造力与批判性思维的培养，导致学生缺乏独立思考和创新能力；统一的教学模式限制了学生的个性化发展，难以激发其独特潜力。加上城乡教育资源差距大，许多学生无法获得优质教育，影响整体人才培养。在科研环境方面，较多的行政干预使学者难以自由探索创新领域，限制了学术突破；科研评价体系过度依赖论文数量和短期成果，忽视长期研究和实际贡献。

於崇文常常回忆起自己在西南联大的求学经历。在战火纷飞、物资匮乏的年代，西南联大培养出了众多杰出人才，创造了中国高等教育史上的奇迹。於崇文认为，西南联大的成功在于其学术自由、兼容并包的办学理念，这种自由的学术氛围激发了师生们的创新活力。

於崇文对比了西南联大与当下的教育模式，认为教育改革首先要转变教育理念。从基础教育到高等教育，都应将培养学生的创新思维与实践能力放在首位。学校应营造宽松自由的学术氛围，鼓励学生大胆质疑、勇于创新。在课程设置上，提高实践课程的比重，让学生在实践中提升解决问题的能力。例如，地质科学专业的学生，应增加野外实习的时间，在真实的地质环境中观察和研究，而不是仅仅停留在书本知识的学习上。其次要改革教育评价体系，不能仅仅以考试成绩、论文数量来评价学术能力。对于学生，应综合考量创新能力、实践能力、团队协作能力等多方面因素。对于教师的评价标准应更加多元化，包括教学质量、对学生创新能力的培养成果等。只有这样，才能引导教育回归到培养人才的本质上来。

2011 年 10 月，於崇文将自己对教育体制改革的深入思考整理形成《关于中国地质大学（北京）"十二五"发展规划的几点意见》，上报给中国地质大学的校领导。

在这篇报告中，他毫不避讳地指出，教育应该实行从"以行政为主导"到"以学术为主导"的体制改革。他强调大学应该大力提倡和发扬学术自由精神，将基础研究放在突出地位。

於崇文还主张为"研究型大学正名"。他认为，当前我国高等教育界对现代化大学中的研究型大学认识模糊，必须予以正名。他说，大学理念的发展历经三个阶段：11 世纪末至 12 世纪初，大学是人文教化中心，以学习古典人文学科为主；19 世纪，为适应工业革命，大学成为专业研究中心，强调教学与研究相结合；19 世纪末至 20 世纪初，大学发展为教学、研究和服务中心，美国创立的综合性大学（即研究型大学）将知识和观念创新作为根本任务和目标。同时，不能简单认为"研究型"高于"教学型"，应明确研究型大学的内涵与特征，避免在追求"研究型"的过程中偏离正确方向。

　　於崇文一直推崇西南联大的教育模式，主张"通才教育"。他认为，学生应该具备广泛的知识和综合素质，而不是仅仅局限于某一个专业领域。在一次与青年教师的座谈会上，他语重心长地说："要敢于打破旧的办学模式，克服过去学科单一、交叉渗透差带来的'太专''过窄'等困难。"他还分享了自己的求学经历，讲述自己如何通过广泛涉猎不同领域的知识，为科研工作打下坚实的基础。

　　於崇文对教育改革和人才培养问题的执着，让人敬佩不已。他在提出政策建议时，不是随便说一些场面话，而是经过深入研究和思考后，形成的比较系统的想法。他说："我心里留下的一个问题，就是我们的管理如果能再好一点，哪怕是一个小的自由的环境，比如学校，我都心满意足。不管最后采纳不采纳，我都要把问题提出来。"

　　从於崇文的身上，我们看到了一位学者对教育事业的无限热爱和对国家社会发展的深切关怀。他的思考和行动，为我们解答"钱学森之问"提供了启示，激励更多的人投身教育改革事业。

# 愿做一辈子老师

於崇文是一位杰出的地质教育家,他将自己的一生都奉献给了地质教育事业,以赤诚的热爱、无私的奉献,书写了一段段令人动容的教育篇章。

1950年,於崇文留校任教,担任北京大学地质系助教。怀着对教育事业的热忱,虽初出茅庐,却已立下不凡的教育志向。1952年,北京地质学院的组建工作开启,於崇文积极参与其中。在学院初创的艰难岁月里,各项资源极度匮乏,师资力量也十分薄弱。但於崇文没有丝毫退缩,尚未升任讲师的他,独自承担起开设结晶学和矿物学两门课程的重任。没有现成教材,他便夜以继日地查阅资料,精心编写教案;缺乏教学经验,他就虚心向前辈请教,不断探索创新教学方法。每一堂课,他都倾尽全力,只为把知识清晰、生动地传授给学生。

1955年,於崇文凭借敏锐的学术洞察力,在国内较早地开设了地球化学课程。在当时,地球化学属于新兴领域,资料稀缺,研究成果也相对较少。但於崇文坚信这门学科对地质科学发展的重要性,他四处搜集国内外相关资料,将最新的研究成果融入教学。为了让学生更好地理解抽象的地球化学概念,他常常结合生活中的实例,把复杂的知识讲解得通俗易懂。

1960年，於崇文参与创建地球化学专业，为我国地球化学学科的建立和发展作出了卓越贡献。在专业创建过程中，他不仅承担大量教学任务，还积极参与专业规划和课程设置。他与同事们共同研讨，制订培养方案，力求培养出既有扎实理论基础，又具备实践能力的地球化学专业人才。他亲自带领学生进行野外实习，教他们采集标本、分析数据。在野外艰苦的环境中，於崇文始终以身作则、不畏艰难，为学生们树立了榜样。

於崇文投身地质教育事业70余年，先后编写了9本教材和专著，每一本都凝聚着他的智慧与心血。他的教材在国内地质教育领域广泛使用，对我国地质学科的发展产生了深远影响。他的辛勤付出也收获了诸多荣誉，1990年，因"从事高校科技工作四十年成绩显著"，获得国家教委颁发的荣誉证书。1991年起，因"对发展我国高等教育事业作出的突出贡献"，享受国务院政府特殊津贴。还曾获得国家科学技术进步奖二等奖（1988年），第一届中国出版政府奖图书奖提名奖（2007年），全国优秀科技图书奖二等奖（1990年），地质矿产部科技成果奖一等奖1项（1988年）、二等奖4项（1985年、1990年、1997年、2003年）、李四光地质科学奖（1991年）等。然而，面对这些荣誉，他只是谦逊地说："我只是一名教了多年课的老师，也愿意做一辈子老师。"在他心中，教育才是他一生的追求，荣誉不过是过眼云烟。

於崇文一心扑在教学上，关心每一位学生。学校每年的新生入学教育，他有请必到，每次都耐心地给学生指导，将自己的经验毫无保留地分享。他会坐在学生中间，亲切地询问他们的兴趣爱好和对未来的规划，鼓励他们勇敢追求梦想。在他的引导下，新生们对大学生活充满了信心和期待。

於崇文认为，教育不仅是传授知识，更重要的是培养能力。地球化学专业成立之初，他就倡导师生共建新专业。这一举措让学生积极参与到专业的发展建设中，极大地提高了他们的学习积极性。当时没有教材，老师们编写完教材后，学生们帮忙刻写、油印，於崇文亲自教他们如何排版、刻字。在这个过程中，学生们不仅对教材内容有了更深入的理解，还锻炼了动手能力和团队协作能力。於崇文还鼓励学生大胆提出自己的想法和疑问，共同探讨专业问题。在他的鼓励下，学生们的思维更加活跃，学习主动性大大提高。

於崇文常说，学习是一个辛苦的过程，但收获知识后的喜悦是无与伦比的。他经常强调，无论学习哪一个学科，都一定要厘清思路："学习地球化学就像搭建一座房子，基础知识是房子的根基，只有根基牢固，才能往上搭建楼层。研究思路则是搭建房子的蓝图，有了清晰的蓝图，才能有条不紊地进行搭建。"

科学严谨、言传身教，是於崇文留给学生们最深刻的印象，在野外工作中更是如此。1986 年春节后，为期两周的个旧锡矿野外工作开始了。年过六旬的於崇文，无论是跑野外还是下矿井，都走在队伍前列，那些 20 岁出头的年轻人也只能勉强跟上。於崇文一行 7 人坐矿区班车到达剖面后，他先给大家讲解野外工作的基本程序，然后分配测量、采样、照相和描述记录等工作。因为有两年多的野外工作经验，学生钱一雄被安排进行地质现象素描。他根据矿脉及矿石之间的穿插序列，很快完成了指定工作。第一个观察点的工作全部完成后，於崇文开始逐个检查。看到钱一雄的作品时，他紧锁眉头，毫不留情地批评道："画得不得要领，连小学水平都达不到。"於崇文拿过野外记录，自己画了起来。不一会儿，一幅规范、逼真的素描图便呈现在大家面前。通过这堂野外实习课，钱一雄不仅学到了素描知识，更深刻感悟到於崇文治学的严谨与敬业。此后，钱一雄开始有意识地学习素描基本功，在后来西北地区野外和盆地内的数百余口探井中的五十本野外记录簿中，留下了一幅幅虽不算完美但也颇为逼真的素描。

　　於崇文指导学生向来是言传身教，跑野外、测剖面、采样品（动辄几十上百吨），在后续漫长的样品检测、实验室建设、实验操作、数据分析、理论建模、编程计算等各个阶段，他都亲力亲为，手把手地教。1987年上半年，於崇文安排并带领 6 名研究生到个旧锡矿进行野外地质实习和研究工作。云南个旧是世界著名的锡多金属矿区，有许多经典的地质现象，矽卡岩便是其中之一。於崇文曾在个旧锡矿进行过地质研究，知道一条矽卡岩分带发育完整的地质剖面，决定带学生们去观察研究。这条剖面在个旧马拉格矿区地下 100 多米的一个废弃坑道里。坑道多年未用，没有供电和照明，漆黑一片。通风设施也不完善，空气浑浊，异味很重。坑道地面是陡坡，还覆盖着一层厚厚的淤泥。见此情景，不少人打起了退堂鼓。"矽卡岩剖面就在坑道的尽头"，於崇文坚定地告诉大家。从他的语气和表情中，大家明白这是前进的指令，放弃是不可能的。在微弱的矿灯引导下，大家开始向坑道尽头前进。据同行的学生高合明回忆，那时他才 20 岁出头，还是一个体育健将，但每走一步都十分艰难，而对于当时已近 70 岁的於崇文，其艰难程度可想而知。於崇文一步一步艰难地向前挪动，他的脚步沉重却坚定。他不时回头看看学生，鼓励道："加油，同学们！我们马上就到了。"在他的鼓励下，学生们咬紧牙关，克服了内心的恐惧和身体的疲惫，终于到达坑道尽头。大家将所有手电和矿灯的光汇聚在一起，矽卡岩剖面呈现在眼前。这是一条十分完整的矽卡岩分带剖面，矿物结晶良好，是教科书般的经典地质现象，宛如一幅精美的壁画。大家不仅看到了这一经典地质现象，更被於崇文执着的精神所感染。

於崇文在学术上精益求精、刻苦钻研的精神，深深影响着学生们。有一年毕业实习，於崇文带领学生在辽宁鞍山樱桃园铁矿实习。他把学生们带到一个废石堆，告诉大家，废石堆里汇聚了地下各个地层的东西，让大家观察石块的不同。有些学生看了一会儿觉得没什么，就站在那里发呆，而於崇文却顶着烈日在废石堆上爬上爬下，仔细收集标本，最后将标本排列起来，饶有兴致地观察。他的脸上挂满汗水，衣服被汗水浸湿，但浑然不觉。他用放大镜仔细查看标本的纹理和颜色，不时用手触摸，感受标本的质地。最后，他把学生们召集在一起，一块一块地讲解，每块标本上是什么矿物，矿物的先后顺序、年代关系，从中说明元素是如何迁移、运动的。"你们学了地球化学，就要在肉眼和显微镜之外，长出第三只眼——地球化学眼，要用它让元素从观察到的地质现象中动起来。"这是於崇文反复提醒学生们的重点。正是在於崇文等老师们反复结合实例进行的"一定要让元素动起来"的教育下，学生们把矿物生成中难以理解的现象变成了有规律可循、生动活泼的图像，从而理解了地球化学的真谛。

於崇文专注事业，对自己的生活条件却毫不在意。从干校刚回到北京时，於崇文一家住在地质大学西二楼单身教师宿舍，房间只有十二三平方米，和学生宿舍一样大小，设施简单朴素，仅有一张床、一张桌子和几把椅子。几十年来，虽几经搬迁，即便后来住进教授楼，也毫无奢华之气，於崇文和夫人把主要精力都投入教学和科研。他们的家里摆满了书籍和资料，墙上挂着地质图和矿物标本，更像是一个小型地质研究室。

於崇文一生秉持着简朴的生活态度，始终坚守廉洁奉公的原则。在野外考察期间，他与同事、学生同劳动、同生活，坚决不搞特殊化。即便到了 80 岁高龄，他依然坚持骑自行车前往国家图书馆借阅书籍。在弟子们多次劝说下，才改乘出租车出行，从未要求学校派专车接送，始终保持着一贯的低调与自律。

认真是於崇文的重要特质。他负责的科研项目，每一个都亲力亲为，从不做挂名的幕后老板。项目申请报告自己写，中期汇报和项目结题也都亲自去。2013 年上半年，有个项目要结题，90 岁高龄的他还从北京前往武汉，向评审组汇报工作。课题组提交的研究报告都是他亲手撰写的。《地质系统的复杂性》和《矿床在混沌边缘分形生长》两部专著，是他在白纸上用水笔一笔一画写出来的，校对稿也是字斟句酌。这种做学问的认真严谨和一丝不苟，与现今学术界的急功近利形成鲜明对比。

共事多年的张本仁院士评价道："认真严谨的学风是於崇文教授治学的突出特点。"这体现在他长期教学工作中的认真负责、精益求精，即便多次讲授过的课程，每节课也都认真准备；体现在他在科学研究中对第一手资料可靠性的高度重视，分析和讨论问题时特别注意分寸，不成熟的东西绝不轻易发表，对已取得的成就也总能看到不足和后续深入完善的方向；更难能可贵的是，还体现在一些容易被忽视的"生活小节"上，他参加会议和约会从不迟到、不失约。

让学生们记忆深刻的，还有於崇文的温文尔雅。他几乎从不对学生发脾气，总是那么和蔼可亲。个别学生在他讲课后写出的论文不尽如人意，他也只是温和地说："你们写的这个不对啊，我给你们讲过一次了。"说完便耐心地再讲一遍，直到学生自己都觉得不好意思。他会引导学生自己发现问题，鼓励他们勇于尝试，在不断探索中提高能力。有一次，於崇文与博士生鲍征宇确定答辩时间后，鲍征宇随口提到："真巧，那天正好是我的生日。"答辩结束后，於崇文把鲍征宇叫到家里吃饭。让鲍征宇惊喜的是，於老师竟然为他订了一个蛋糕。当时蛋糕很难订到，是蒋耀淞亲自去定做的。在温馨的氛围中，更加坚定了在学术道路上前进的决心。

於崇文对待学生态度和蔼可亲，师生相处十分轻松，交流讨论像朋友聊天一样。学生在需要帮助时，他总是热情相助。有学生申请科研基金，他都认真起草推荐书，为学生争取更多机会。2001年，学生张德会在西宁主持召开西部矿产勘查中的应用地球化学会议。这是张德会第一次主持全国性专业会议，内心满是紧张与忐忑。於崇文得知后，主动找到张本仁院士，诚恳地说："张德会第一次主持这么重要的会议，咱们可得多支持支持他。"张本仁院士欣然应允。会议筹备期间，於崇文多次与张德会沟通，从会议流程安排到邀请嘉宾的细节，都一一给出自己的建议。遇到拿不准的事情，张德会总是第一时间向於崇文请教，而於崇文也总是耐心解答。会议召开时，於崇文、张本仁和谢学锦三位地球化学专业的院士到会。於崇文在会上发表了精彩演讲，结合自己多年的研究经验和对行业发展的深刻洞察，为大家带来前沿的学术观点和研究思路，赢得阵阵掌声。在分组讨论环节，於崇文穿梭于各个讨论组之间，认真倾听每一位参会者的发言，不时提出自己的看法和疑问，引导大家进行更深入的探讨。他的参与让讨论氛围更加热烈。会议结束后，参会者们对此次会议给予极高的评价。

於崇文对学生的教育和关怀从未停止。他会定期与学生们进行学术研讨，了解他们的研究进展和遇到的困难。对于学生们提出的问题，他总是耐心解答，哪怕是最基础的疑问也从不敷衍。在他的鼓励下，学生们勇于挑战学术难题，不断探索未知领域。有一次，一位学生在研究中遇到了一个看似无解的难题，实验数据反复出现异常，陷入了自我怀疑。於崇文得知后，主动找到这位学生，和他一起重新梳理实验步骤，分析数据。他们在实验室里一待就是一整天，於崇文不厌其烦地陪着学生检查每一个细节。终于，他们发现了问题所在——原来是实验仪器的一个小部件出现了故障。问题解决后，学生激动得热泪盈眶，於崇文拍了拍他的肩膀，语重心长地说："做科研，就是要有这种不怕困难、坚持不懈的精神。每一次挫折都是成长的机会，只要不放弃，就一定能找到解决问题的方法。"

1993年成功考取於崇文博士生的邓吉牛回忆，当时身边众多同事虽对於崇文的渊博学识满怀崇敬，却因其理论高深，担心难以完成论文，纷纷望而却步，不敢报考。邓吉牛自恃数理基础较扎实，决定与於崇文面谈。见面后，邓吉牛向於崇文倾诉了自己在地质找矿预测工作中遭遇的诸多困惑，於崇文则详细介绍了自己的研究方向及具体内容。听罢，邓吉牛当场下定决心，报考於崇文的研究生。邓吉牛的研究方向聚焦将物理化学流体力学原理引入成矿作用动力学领域。鉴于此，於崇文特意安排相关老师为邓吉牛进行单独授课。他邀请清华大学的专业教师为邓吉牛开设流体力学课程，同时请本校老师讲解化学动力学知识，还督促邓吉牛广泛涉猎诸多数学课程。这些悉心安排，为邓吉牛后续的学术深造奠定了坚实基础，在其后来的学习过程中发挥了不可估量的助力作用。

於崇文非常注重培养学生的国际视野。他鼓励学生积极参加国际学术会议，与世界顶尖的学者交流。他会亲自帮学生修改参会论文，从内容到格式，每一个细节都不放过。在他的帮助下，不少学生在国际学术舞台上崭露头角，展示了中国地质学者的风采。

如今，於崇文的学生们在各自的领域都取得了优异成绩。他们中，有的成为知名高校的教授，继续为地质教育事业培养人才；有的在科研机构担任重要职务，推动地质科学的发展；还有的投身地质勘查一线，为国家的资源开发和利用贡献力量。无论身处何方、从事何种工作，他们都始终铭记於崇文的教诲，传承着他的学术精神和品格。

中国地质大学（武汉）校长王焰新院士评价於崇文说，他是位宽厚仁爱的长者，品德高尚；他以知识报国，堪称爱国敬业的典范；他注重言传身教，提携晚进、奖掖后学；他追求真理、淡泊名利。作为学校地球化学专业的创业者之一，无论是科研活动还是研究生指导，他都没有权威的架子，而是平等待人。在出版学术著作时，他不是按资格、年龄，而是按贡献署名排序，体现了大家风范。

在学生们眼中，於崇文是一个理想主义者，是一个愿意为了理想而脚踏实地地去执行的人。他对于学术的激情和执着，让学生们看到人生的价值和希望。他的存在就是一种力量，就像是一个强有力的后盾，让学生们充满力量，走得更远。於崇文用一生的时间诠释了"愿意做一辈子老师"的誓言，在地质教育的历史长河中留下了浓墨重彩的一笔，成为学生心中永远的丰碑。

# 用一生诠释的座右铭

於崇文的一生都在践行着屈原《离骚》中的名句"路漫漫其修远兮，吾将上下而求索"。这句座右铭，引领他在学术的漫漫长路中披荆斩棘，成为他不断前行的强大动力。

於崇文出生在一个普通工人家庭，自幼便对世间万物充满好奇。儿时的他到野外玩耍，每当看到形状奇特、色泽各异的石头，小小的脑袋里便冒出一连串的问号：这些石头从何而来？为何会有如此多样的模样？这些疑问如同星星之火，在他幼小的心田里点燃了探索自然奥秘的熊熊火焰。随着年岁渐长，这份探索的渴望愈发强烈，成为他学习道路上不断奋进的原动力。

青年时期，凭借优异的学习成绩，於崇文顺利踏入梦寐以求的大学校园，开启了他真正意义上的地质探索征程。在大学里，他仿佛置身知识的海洋，每一堂课都全神贯注，不放过任何一个知识点；课后，他又一头扎进图书馆，在浩如烟海的资料中穿梭，拓宽自己的视野。他深知，想要在地质学领域有所建树，扎实的基础知识和广阔的学术视野是不可或缺的。

於崇文立志要把自己的一生毫无保留地奉献给地质科学事业。这绝非一句口号，而是要用实实在在的行动践行。

在学术研究的崎岖道路上，於崇文始终坚守独立思考的原则，秉持锲而不舍的精神。他认为，现代科学研究需要多学科理论和方法的深度融合，只有不断地探索、尝试，才能在重重迷雾中找到创新的曙光。他常常沉浸在复杂的地质问题思考中，一坐就是好几个小时，浑然不觉时间的流逝。有时为了验证一个假设，他会反复查阅大量资料，进行无数次的实验和分析，即便遭遇再多的困难与挫折，也从未有放弃的念头。

在研究一个关于矿床形成的重要课题时，他遭遇了一个棘手的难题。传统的地质学理论无法解释他在实地考察中发现的一系列奇特现象，这让他陷入困惑与沉思。他在海量的文献资料中寻觅解决问题的方法，偶然间，他发现其他学科的一些理论和方法或许能为这个课题带来突破。于是，他大胆尝试将地质学与数学、化学等学科进行交叉研究，从建立数学模型到分析处理复杂的数据，经过漫长而艰苦的研究与实践，他终于提出了一种全新的矿床形成理论，为地质学的发展注入了一股全新的活力。

於崇文不仅在理论研究上成果斐然，对实践更是极为重视。即便到了80多岁的高龄，他依然坚持前往野外矿区进行实地考察。每一次的野外考察，对他而言都是一场充满未知与挑战的冒险。在安徽铜陵的一次考察中，他不顾众人劝阻，毅然下到 800 米深的矿井。矿井里的环境十分恶劣，高温难耐，空气污浊。井下的工人们都光着膀子，汗水如雨般不停地流淌。於崇文全然不顾恶劣的环境，专注地观察周围的地质情况，在笔记本上认真记录关键数据。由于温度过高，他的衣服被汗水湿透，呼吸也变得急促，但他凭借着顽强的意志坚持完成考察任务。

於崇文还是个不折不扣的"书痴"。他经常前往国家图书馆查找资料，遇到重要的资料，他会一丝不苟地抄写下来。为了节省时间和费用，他总是骑着一辆旧自行车往返于国家图书馆和住所之间。寒来暑往，那辆自行车承载着他对知识的渴望，在大街小巷中穿梭。晚年，考虑到安全问题，他才改乘公交车。从国家图书馆到学校住所有十几站地，再加上步行的路程，差不多要花费一个小时的时间。在公交车上，他也没有浪费时间，常常拿出自己抄录的资料思考和研究，不顾周围的嘈杂。

2010 年夏天，一场突如其来的疾病如暴风雨般袭击了於崇文，给他原本忙碌而充实的生活蒙上了一层阴影。这场病犹如一记沉重的警钟，提醒他注意身体。然

178

而，躺在病床上的他心中忧虑的却是那些尚未完成、亟待深入研究的课题。

在地质学发展的漫长历程中，很多同行纷纷投身"找矿"热潮，因为这不仅能带来实际的经济效益，还备受社会关注。但於崇文却有着更高的追求——将自己的一生奉献给地质学的基础理论研究。他深知，基础理论是学科发展的根基，只有筑牢根基，地质学这座大厦才能屹立不倒，不断发展壮大。他先后开辟了 5 个创新的学术领域，这些领域的研究成果，不仅具有极高的理论价值，更为未来地质学的应用和发展开辟了广阔的道路，提供了无限的可能性。

随着年龄的增长，於崇文越发感到时间的紧迫与宝贵。他常常觉得自己的时间不够用，还有太多的想法和研究计划没有来得及实施。更让他痛心疾首的是，自己倾其一生开辟出来的学术领域，面临后继无人的困境。他曾经培养了许多优秀的学生，在各自的领域都取得了一定的成绩，但在他的研究道路上，始终没有一个人能够坚定不移地陪伴他走下去。

夫人不明白，"你怎么什么事情都要自己一个人做？"每当听到这句话时，於崇文总是笑笑不作答。

有一次，他和一位多年的老友相聚，席间感慨万千地说道:"有时候,我开玩笑说自己生不逢时,如果能晚生多少年,或许就能更好地发挥作用了。我已经竭尽全力去做了,比如我把成矿带变成自孤子,很多人都难以理解。其实这并非我刻意标新立异,而是对事物不同阶段的不同认知。地质现象既古老又充满生机,常看常新。如果总是用陈旧的眼光去看待,又怎能有新的发现和突破呢?"从他的话语中,能够深切地感受到他对研究工作的执着坚守,以及对地质科学发展的深刻洞察与思考。

在於崇文的心中,还有无数关于地质科学的思考等待着被印证,许多有关复杂性的设想尚未实现,为了能将自己的最新思考尽快总结成体系,於崇文每日都在与时间全力赛跑。然而,岁月不饶人,他的身体状况已大不如前,无奈之下,他只好找来自己的学生鲍征宇。鲍征宇曾经跟随他学习多年,对他的研究工作有一定的了解。於崇文语重心长地说:"我已经力不从心了,不能像以前那样全身心地投入研究了。但我为地质科学探索出了多个重要领域,这些研究绝不能就此中断。我希望你能帮我。"望着老师那充满期待和信任的眼神,鲍征宇被他对地质科学的执着和热爱深深打动,毫不犹豫地答应了。

纵观於崇文的学术生涯，他毕其一生功力做的一件事就是将基础自然科学与地质科学相结合，促进地质科学向着精确科学发展。20世纪70年代，他提出"地质作用与时空结构是一切地质现象的本质与核心"的自然哲学理念。80年代，基于耗散结构理论提出"区域地球化学理论"。90年代，将"成矿作用非线性动力学"引入矿床成因和成矿规律研究领域，开辟"成矿作用动力学"学术方向。21世纪初，在耄耋高龄编写《地质系统的复杂性》《矿床在混沌边缘分形生长》《南岭地区区域成矿分带性》专著，这些著作记录了他近70年不断将基础科学与地学相融合的探索路程。

於崇文曾将自己的治学精神概括为"上下求索、锲而不舍、勇于创新、攀登不息"。这16个字也是他一生坚守学术探索并取得重要成功的根本原因。於崇文还曾以"吾将上下而求索"为题，将大半生的体会写给青年学生共勉："一是要奠定科技与人文素质的良好基础。二是要确立正确的人生观和价值观，爱国奉献，加强道德修养。三是要独立思考，锲而不舍。进行现代科学研究，要求独立思考，进行多学科理论和方法的交叉和融合；只有通过多学科大量知识的集成、整合和反复凝练，才能走上创新之路。四是要自由探索，攀登不息。

科学研究要想有所发展、有所创新,既要自由探索,又要求真唯实,还必须排除万难,攀登不息。"於崇文是这样说的,更是这样做的。

著名地质学家王鸿祯院士曾经这样评价於崇文:"学欲有序、由专达博、思本无涯、乃重在实。"这是於崇文一生学术追求的真实写照。在70年的教学和研究工作中,於崇文辛勤耕耘,凭借聪明才智和锲而不舍、顽强拼搏的精神,攻克了一座座堡垒。在少有人喝彩的学术舞台上,於崇文默默求索,从不在乎鲜花和掌声,心中唯有对地质科学的无限热爱和对真理的执着追求。他用自己的一生,生动诠释了"吾将上下而求索"的精神内涵。他的故事,如同一盏明灯,激励着一代又一代的地质学者,在探索自然奥秘的道路上勇往直前、永不言弃。